齋《さい》藤《とう》孝《たかし》の「負《ま》けない!」シリーズ②

カッコイイって どういうこと?

著　:齋藤孝
マンガ:いぢちひろゆき

PHP

はじめに

「齋藤孝《さいとうたかし》の『負《ま》けない！』シリーズ」では、きみたちがかかえるなやみや問題《もんだい》を解決《かいけつ》するための方法《ほうほう》を、マンガを通《とお》して楽《たの》しく解説《かいせつ》しています。

２巻目《かんめ》となる本書《ほんしょ》のテーマは「カッコイイ」です。今《いま》、きみが「カッコイイ」と思《おも》う人《ひと》って、どんな人《ひと》だろう。その人《ひと》がどうしてカッコイイのか、考《かんが》えてみたことはあるかな？

この世《よ》には「人《ひと》の数《かず》だけ人生《じんせい》がある」ってよく言《い》われるけれど、ぼくは人生《じんせい》には、２つの生《い》き方《かた》があると思《おも》っています。

１つは、自分《じぶん》の楽《たの》しみのためだけに生《い》きる生《い》き方《かた》。もう１つは、自分《じぶん》の力《ちから》をだれかほかの人《ひと》のために使《つか》い、周《まわ》りの人《ひと》に喜《よろこ》んでもらう生《い》き方《かた》です。

この先《さき》、何歳《なんさい》まで生《い》きるかは、だれにもわからない。でも、同《おな》じ一生《いっしょう》

を送《おく》るなら、人《ひと》に喜《よろこ》んでもらう生《い》き方《かた》、人《ひと》に尽《つ》くす生《い》き方《かた》を、ぼくは選《えら》びたいと思《おも》っています。なぜって、そういう生《い》き方《かた》をしている人《ひと》のほうが「カッコイイ」と思《おも》うからです。もし、きみがぼくと同《おな》じように思《おも》うなら、この本《ほん》を読《よ》んで実行《じっこう》してみてほしい。きっと、きみ自身《じしん》が「カッコイイ」と思《おも》う自分《じぶん》になれるはずだから。

マンガの中《なか》で示《しめ》した方法《ほうほう》は、あくまでも問題《もんだい》を解決《かいけつ》するための「考《かんが》えるヒント」です。この先《さき》、きみたちにはもっとむずかしい問題《もんだい》が、大《おお》きな壁《かべ》となって立《た》ちふさがることがあります。

そんなとき、「負《ま》けない！」という心《こころ》で、自分《じぶん》の頭《あたま》でモノを考《かんが》え、自《じ》分《ぶん》の力《ちから》で目《め》の前《まえ》の問題《もんだい》を解決《かいけつ》していける大人《おとな》になってもらう手助《てだす》けになればと思《おも》い、このシリーズをつくりました。

この本《ほん》を読《よ》むことが、「人生《じんせい》をどう生《い》きるか」を考《かんが》えるきっかけになってくれたら、本当《ほんとう》にうれしいです。

齋藤《さいとう》 孝《たかし》

もくじ

第《だい》3章《しょう》 目標《もくひょう》を持《も》って努力《どりょく》できる人《ひと》は カッコイイ！

第《だい》4章《しょう》 誇《ほこ》りを大切《たいせつ》に生《い》きる人《ひと》は カッコイイ！

登場人物《とうじょうじんぶつ》しょうかい

カチボシ星《せい》

カチボシ星《せい》から地球《ちきゅう》へ…。
地球《ちきゅう》から何万光年《なんまんこうねん》と遠《とお》く離《はな》れた「カチボシ星《せい》」。
カチボシ星人《せいじん》は、宇宙《うちゅう》の平和《へいわ》を守《まも》るために、
日夜《にちや》、パトロールをしている。
ある日《ひ》、地球《ちきゅう》の日本《にほん》を担当《たんとう》するカチボシ星人《せいじん》たちは、
地球《ちきゅう》へとやってくる。その理由《りゆう》は、「子《こ》どもたちのなやみ」。
カチボシ星人《せいじん》は、子《こ》どもたちのなやみを解決《かいけつ》するため、
さまざまな方法《ほうほう》を教《おし》えていく――。

キラリン

ソウタのカッコイイの師匠《ししょう》になる、カチボシ星《せい》からやってきた、元気《げんき》な宇宙人《うちゅうじん》。

可恋 創太（カコイ・ソウタ）

この本《ほん》の主人公《しゅじんこう》。小学《しょうがく》４年生《ねんせい》。少《すこ》し意地《いじ》っぱりな、カッコよくなりたい男《おとこ》の子《こ》。サッカーが好《す》きで、クラブチームに入《はい》っている。

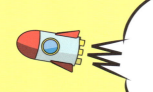

ソウタの学校《がっこう》の友《とも》だち

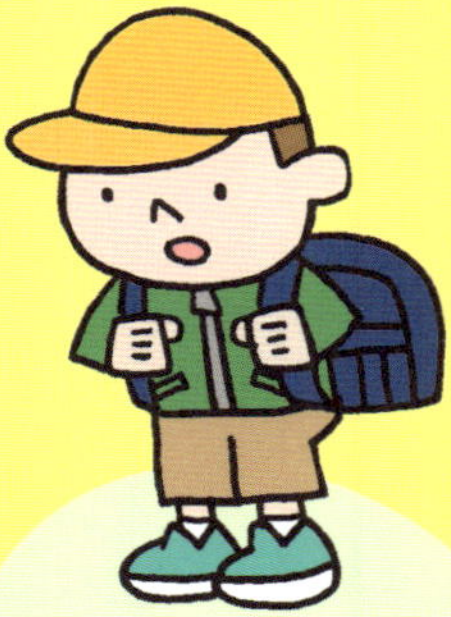

晃（コウ）

ソウタたちの隣《となり》のクラスの子《こ》。いじめっ子《こ》たちにいじめられている。嫌《いや》なことを、嫌《いや》とはっきり言《い》えなくてなやんでいる。

凛（リン）

ソウタとアラタのクラスの学級《がっきゅう》委員長《いいんちょう》。正義《せいぎ》感《かん》が強《つよ》く、しっかりもの。名前《なまえ》のとおり、凛《りん》としたカッコイイ女《おんな》の子《こ》。

改太（アラタ）

ソウタのクラスメイトで、親友《しんゆう》。ソウタと一緒《いっしょ》に、キラリンにカッコよくなる方法《ほうほう》を教《おそ》わる。パソコンを使《つか》うのが得意《とくい》。

ソウタの家族《かぞく》（可恋家《かこいけ》の人《ひと》びと）

信蔵（シンゾウ）

ソウタのおじいちゃん。職人《しょくにん》気質《かたぎ》な京都《きょうと》の植木《うえき》屋《や》さん。笑《わら》い声《ごえ》が豪快《ごうかい》。

まさ子（マサコ）

ソウタのお母《かあ》さん。意地《いじ》っぱりなソウタが少《すこ》し心配《しんぱい》だが、優《やさ》しく見守《みまも》っている。

信広（ノブヒロ）

ソウタのお父《とう》さん。大《おお》らかで、家族《かぞく》を大切《たいせつ》にしている。ちょっとメタボ気味《ぎみ》。

プロローグ

どりゃー!!
うーーん
ソウタ
さかあがりできなーい!
プンプン
あーもうヤダ!!こんなのどうせできないよ!
ホラ!こうやるんだよ!
クルン
ヒョイ

よーし…
フゥ〜〜
ジタバタ
ジタバタ
プ〜
プリーン
あっ!!
なんだよ 笑《わら》うこと ないだろ!!
クスッ
自分《じぶん》が できる からって!!
キャー
くそ〜〜!!っ
バシッ
ちょっと ソウタくん ひどくない?
あやまった ほうが いいぜ
ぜってー あやまん ねぇ!!

トボトボ
あーあ……
今日《きょう》のオレはカッコ悪《わる》かったなー
どうしたらカッコよくなれるんだろう…
なんだあれ!?
公園《こうえん》にロボットみたいなカッコイイ遊具《ゆうぐ》あるじゃん!!
ドーン

キラーン
ギギィ〜
動《うご》いた!!
ギギィ〜
ワタシは宇宙《うちゅう》からきみに本当《ほんとう》のカッコよさを教《おし》えにきたキラリンロボ!!
ひえー
ギィー
ゴー
宇宙《うちゅう》から見《み》ていてたまたまカッコ悪《わる》いきみを見《み》つけたんだ!
くそーっ
宇宙《うちゅう》までオレのオナラが聞《き》こえたんだね!
いやいやそうじゃないけど…

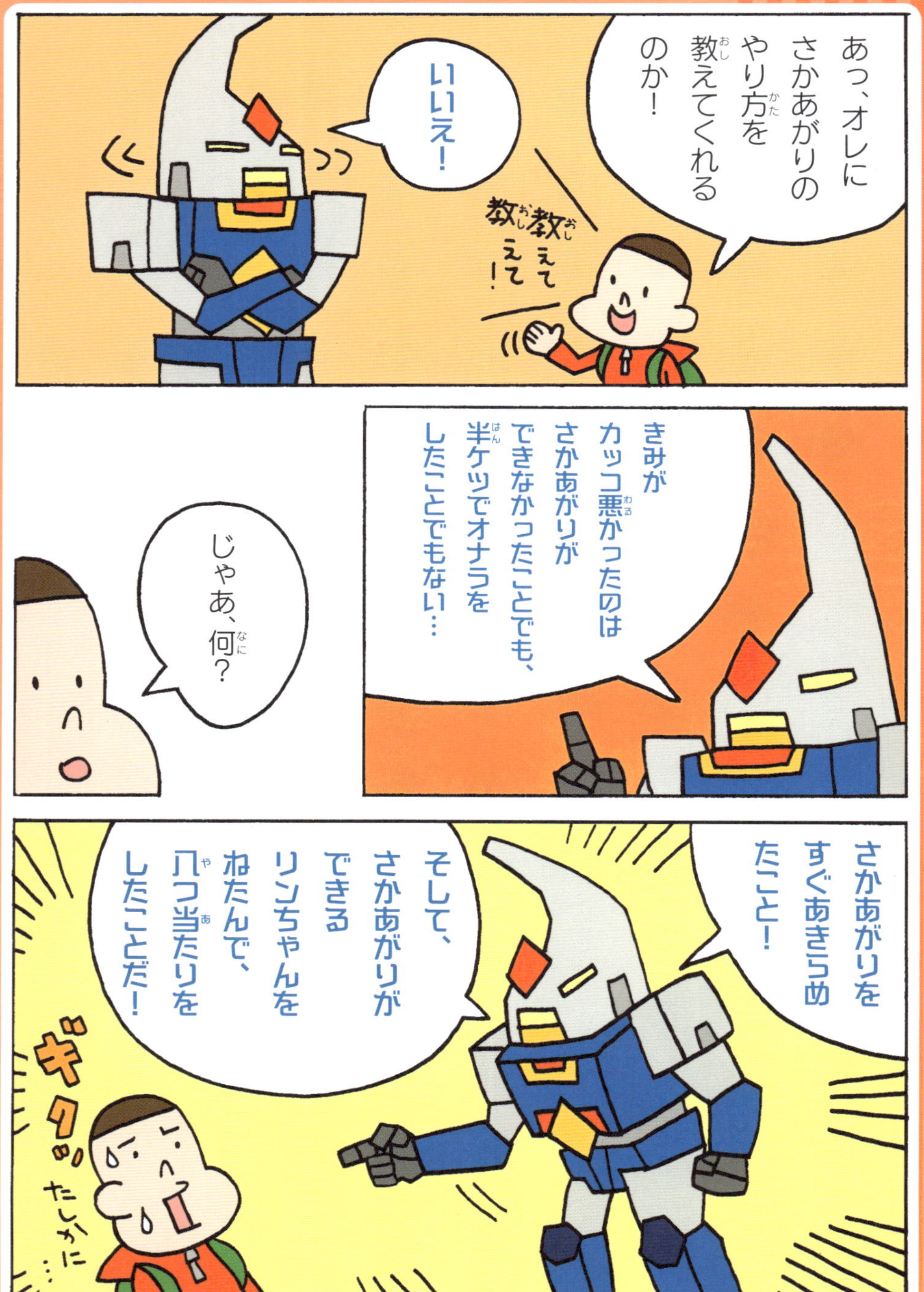

あっ、オレにさかあがりのやり方《かた》を教《おし》えてくれるのか！

教《おし》えて教《おし》えて！

いいえ！

きみがカッコ悪《わる》かったのはさかあがりができなかったことでも、半《はん》ケツでオナラをしたことでもない…

じゃあ、何《なに》？

さかあがりをすぐあきらめたこと！

そして、さかあがりができるリンちゃんをねたんで、八《や》つ当《あ》たりをしたことだ！

ギクッ
たしかに…

キラーン
ソウタくんがさかあがりできなくてもあきらめず何度《なんど》もチャレンジしたら、そのすがたはカッコよかったと思《おも》うぞ！

そっか…

オレにカッコよくなる方法《ほうほう》を教《おし》えてください!!

お願《ねが》いします!!

わかった！

プシュ〜〜

!?

パカッ
ハーイ、ぼくキラリン!!

中《なか》に入《はい》ってたの!?

よろしく！
ヒラリ
シュタッ
なんだよ ぜんぜんカッコよく ないじゃーん
本当《ほんとう》のカッコよさは 見《み》た目《め》とは カンケー ないんだぞ!!
キラーン
す、すいません！
ご希望《きぼう》なら イケメンの顔《かお》に なってもいいん だけど!?
こわいから やめて!!

第《だい》1章《しょう》

どうすればカッコよくなれるの？

きみたちの人生《じんせい》には2つの生《い》き方《かた》がある

キラリン師匠《ししょう》です
ボワン
ぜんぜんイメージちがう！
ガク
よろしく！
イメージとちがって悪《わる》いけど
じゃあ、質問《しつもん》。ヒーローって何《なに》？
えー
だいたい必殺技《ひっさつわざ》とか魔法《まほう》を使《つか》って
悪《あく》をたおすために戦《たたか》って…
カッコよく去《さ》っていく感《かん》じ？

それもあるけど…
チッチッ
ビビー
ヒーローとは、ほかの人《ひと》のために自分《じぶん》の力《ちから》を使《つか》う人《ひと》!
自分《じぶん》の楽《たの》しみのために怪獣《かいじゅう》をたおすヒーローはいないよね
ヒャッハー
グエッ
自分《じぶん》の力《ちから》を使《つか》って多《おお》くの人《ひと》に喜《よろこ》びをもたらした人《ひと》が偉人《いじん》や英雄《えいゆう》として尊敬《そんけい》されるわけ!
なるほど
キラーン

きみたちには2つの生《い》き方《かた》がある！
ピカーー
どっちがいい？
自分自身《じぶんじしん》の楽《たの》しみのためだけの人生《じんせい》
がはははは
自分《じぶん》の力《ちから》をほかの人《ひと》のために使《つか》い、周《まわ》りの人《ひと》に喜《よろこ》んでもらう人生《じんせい》
ありがとね…
やさしい!!
そっか…
カッコイイのはこっちだね！
でも、そんなふうに生《い》きられる？

カッコイイ生《い》き方《かた》の土台《どだい》は3つ!!
人《ひと》のために行動《こうどう》する勇気《ゆうき》
あきらめない気持《きも》ち
人《ひと》をねたまない心《こころ》
3つが合体《がったい》
ガシーン
人《ひと》に喜《よろこ》ばれる生《い》き方《かた》!!

勇気《ゆうき》や気持《きも》ちや心《こころ》…
本当《ほんとう》のカッコよさはやっぱり外見《がいけん》じゃないんだね
そう!!
外見《がいけん》じゃないって! よかったな!!
…ってオレもお前《まえ》に同《おな》じこと言《い》おうと思《おも》ってた!!
ムカッ
バチバチ
ムニー
フガー
ドタバタ
あんな人《ひと》たちでもカッコよくなれる?
…
うーん

土台《どだい》その1

人《ひと》のために行動《こうどう》する勇気《ゆうき》

やめなさいよ!!
バッ
嫌《いや》がってるでしょ!!
バカ
なんだよリン!!
どけよ!!
リン…
どうする!?
ドキドキ
オレたちも行《い》くか!?
コラー！何《なに》をしとるか～!!
先生《せんせい》来《き》た！
やべっ!!

ありがとう!!
わたしもちょっとこわかったけど、大丈夫《だいじょうぶ》!
リンちゃんすごい!!
パチパチパチ
これが人《ひと》のために行動《こうどう》する勇気《ゆうき》
これがカッコイイ生《い》き方《かた》に必要《ひつよう》なもの!!
キラーン
オレたちも見習《みなら》わないとな!
だな!!
ガシッ
ところでふたりは何《なに》してたのよ!?
ギクッ

覚《おぼ》えておきたい大事《だいじ》な格言《かくげん》

義《ぎ》を見《み》てせざるは勇《ゆう》なきなり

孔子《こうし》の教《おし》えを著《あらわ》した、『論《ろん》語《ご》』に書《か》かれている言葉《ことば》。

人《ひと》として当然《とうぜん》行《おこな》うべきことだと知《し》りながら、それをしないのは、勇気《ゆうき》がないのと同《おな》じことだ、という意味《いみ》。

孔子《こうし》

（紀元前《きげんぜん》551年《ねん》ごろ〜前《ぜん》479年《ねん》）

中国《ちゅうごく》の春秋時代《しゅんじゅうじだい》の思想家《しそうか》。儒教《じゅきょう》の祖《そ》。儒教《じゅきょう》は儒学《じゅがく》（政《せい》治《じ》や道徳《どうとく》の教《おし》え）のこと。早《はや》くに父《ちち》を亡《な》くし、幼《おさな》いころから貧《まず》しい生活《せいかつ》の中《なか》で学《がく》問《もん》に励《はげ》んだ。晩年《ばんねん》は弟子《でし》の教育《きょういく》に専念《せんねん》。孔子《こうし》の死後《しご》、弟子《でし》たちがまとめた孔子《こうし》の言行録《げんこうろく》が『論語《ろんご》』だ。

みんなは
ためらってたのに
行動《こうどう》した
リンちゃんは
すごい！
へへ
そうやって
だれもやってない
ことを初《はじ》めて
やる人《ひと》って
カッコイイよね！
たとえば…

三浦知良《みうらかずよし》

（1967年《ねん》〜）

静岡県静岡市《しずおかけんしずおかし》生《う》まれ。プロサッカー選手《せんしゅ》。横浜《よこはま》FC《エフシー》に所属《しょぞく》。プロフェッショナルリーグでプレーする世界最年長《せかいさいねんちょう》のサッカー選手《せんしゅ》。高校《こうこう》を中退《ちゅうたい》し、プロサッカー選手《せんしゅ》を目指《めざ》すため、ひとりでブラジルに渡《わた》った。1994年《ねん》には、アジア人初《じんはつ》のセリエA《アー》（イタリアのプロサッカーリーグ）プレーヤーとなる。ニックネームは〝カズ〟または〝キングカズ〟。世界最年長《せかいさいねんちょう》ゴールを決《き》めるなど、50歳《さい》を超《こ》えた今《いま》でも活躍《かつやく》している。

野《の》茂《も》英《ひで》雄《お》

（1968年《ねん》〜）

大阪府大阪市《おおさかふおおさかし》生《う》まれ。元《もと》プロ野球選手《やきゅうせんしゅ》。社会人野球《しゃかいじんやきゅう》で活躍《かつやく》し、※ドラフトでは史《し》上最多《じょうさいた》の8球団《きゅうだん》から1位指名《いしめい》を受《う》けた。最大《さいだい》の武器《ぶき》は、打者《だしゃ》に背中《せなか》を向《む》けて球《たま》を投《な》げる、独特《どくとく》の「トルネード投法《とうほう》」から繰《く》り出《だ》されるフォークボール。この決《き》め球《だま》で三振《さんしん》を量産《りょうさん》し、日本《にほん》のみならず世界《せかい》で活躍《かつやく》した。これらの功績《こうせき》により、彼《かれ》は日《に》本人《ほんじん》メジャーリーガーのパイオニアと呼《よ》ばれている。

NOMO
16

※プロ野球《やきゅう》で、新人選手《しんじんせんしゅ》の入団交渉権《にゅうだんこうしょうけん》を、選択会議《せんたくかいぎ》によって決《き》める制度《せいど》。

このようにほかの人《ひと》に先《さき》がけて道《みち》を切《き》り開《ひら》いていく人《ひと》をパイオニアというんだ!!
パイオニア!?!
それっておいしい?
パイ
ラザニア
食《た》べ物《もの》じゃないよ!

パイオニアは不安《ふあん》に打《う》ち勝《か》って挑戦《ちょうせん》した人《ひと》たち。だからカッコイイんだ！
スティーブ・ジョブズ
坂本龍馬《さかもとりょうま》
キュリー夫人《ふじん》
なるほどなー
オレが挑戦《ちょうせん》できることってなんだろう…
牛乳《ぎゅうにゅう》5パック一気《いっき》飲《の》みにチャレンジ!!
ズオオオー
そんなことのパイオニアになってどうする…
トホホ
よい子《こ》はマネしないでね!

勇気《ゆうき》を持《も》って行動《こうどう》する。パイオニア精神《せいしん》で前《まえ》に進《すす》もう！

カッコイイ生《い》き方《かた》をするために、心《こころ》にとどめておきたい3つの土台《どだい》がある。まず1つめは、人《ひと》のために行動《こうどう》する勇気《ゆうき》だ。たとえこわくても、人《ひと》のために勇気《ゆうき》を出《だ》せるってカッコイイだろ？ そして、勇気《ゆうき》っていうのは、最初《さいしょ》に行動《こうどう》することでもある。いろいろとわいてくる不安《ふあん》な気持《きも》ちに打《う》ち勝《か》って、だれよりも先《さき》にとびこんでいくんだ。最初《さいしょ》に行動《こうどう》する人《ひと》、それが「パイオニア」だ。最初《さいしょ》に道《みち》をつくろうとするパイオニア精《せい》神《しん》が、人《ひと》を輝《かがや》かせ、カッコよくするんだよ。

土台《どだい》その2
あきらめない気持《きも》ち

あきらめるのは早《はや》いぞ!!
ゆっ
キラリンロボ!?
ドスン
逆風《ぎゃくふう》プロペラ始動《しどう》!!
ブ〜〜ン
逆風《ぎゃくふう》の状況《じょうきょう》こそきみをカッコよくする！
ブオー
ドヴイヴゴド〜〜〜
（どういうことよ?）

つまり 自分《じぶん》を つらい状況《じょうきょう》に 追《お》いこんで がんばると カッコよく なれるんだ
パカッ!
そうなの?
強《つよ》い相手《あいて》との試合《しあい》―
むずかしい試験《しけん》の前《まえ》―
きびしい練習《れんしゅう》―
大勢《おおぜい》の前《まえ》での発表《はっぴょう》―
えー
ふだん楽《らく》をしてたんじゃ カッコよく なれない ってこと!
楽《らく》してたわけじゃないけど…

だから、この逆風《ぎゃくふう》の状況《じょうきょう》であきらめずがんばってみな!!
う、うん…
ソウタお前《まえ》には持久力《じきゅうりょく》が必要《ひつよう》だな！
ハァハァ
ハァハァ
…ってコーチが言《い》ってたな…
持久力《じきゅうりょく》をつけるためにがんばってみよう!!
いいね!!
キラーン

練習《れんしゅう》の後《あと》
自主的《じしゅてき》に
ランニングー
ハァ
ハァ
ハァ
ハァ
ハイ
がんばって
!!
筋《きん》トレー
イチニ
イチニ
なわとびー
ヒュン
ヒュン
ヒュン
ヒュン
こうして真剣《しんけん》に
取《と》り組《く》むと
せんたく
ばさみ
それは
やめなさい！
きっと自信《じしん》が
持《も》てるはず！

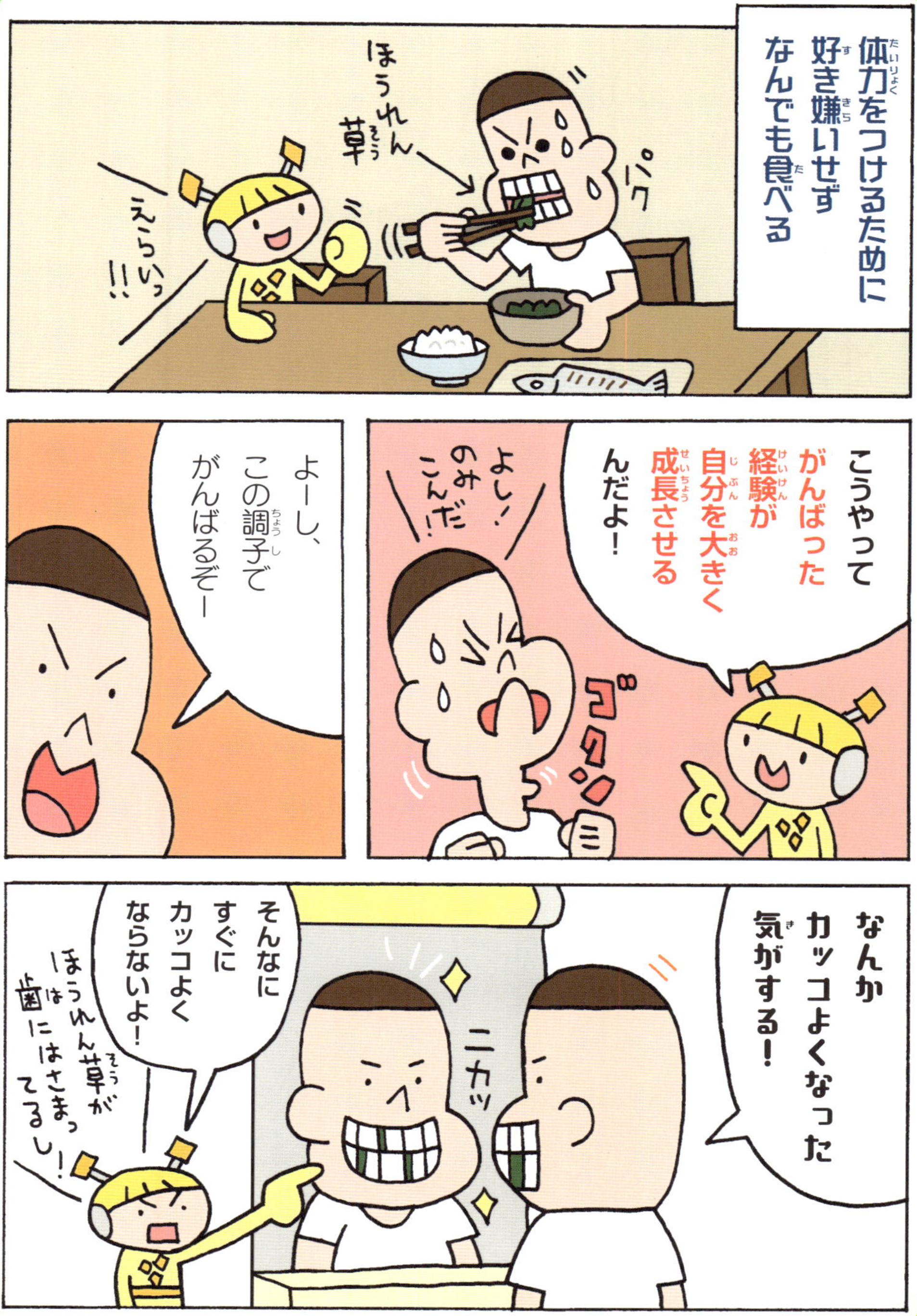

体力《たいりょく》をつけるために
好《す》き嫌《きら》いせず
なんでも食《た》べる
ほうれん草《そう》
パク
えらいっ!!!
こうやって
がんばった
経験《けいけん》が
自分《じぶん》を大《おお》きく
成長《せいちょう》させる
んだよ！
よし！
のみこんだ！
ゴクン
よーし、
この調子《ちょうし》で
がんばるぞー
なんか
カッコよくなった
気《き》がする！
ニカッ
そんなに
すぐに
カッコよく
ならないよ！
ほうれん草《そう》が
歯《は》にはさまってるし！

ピンチはチャンスって、どういうこと？

今《いま》、オレサッカーがんばってるんだ！
オレも勉強《べんきょう》のほうがちょっとピンチだからがんばらなきゃ

大丈夫《だいじょうぶ》！ピンチはチャンスってことは昔《むかし》から言《い》われてるんだ!!

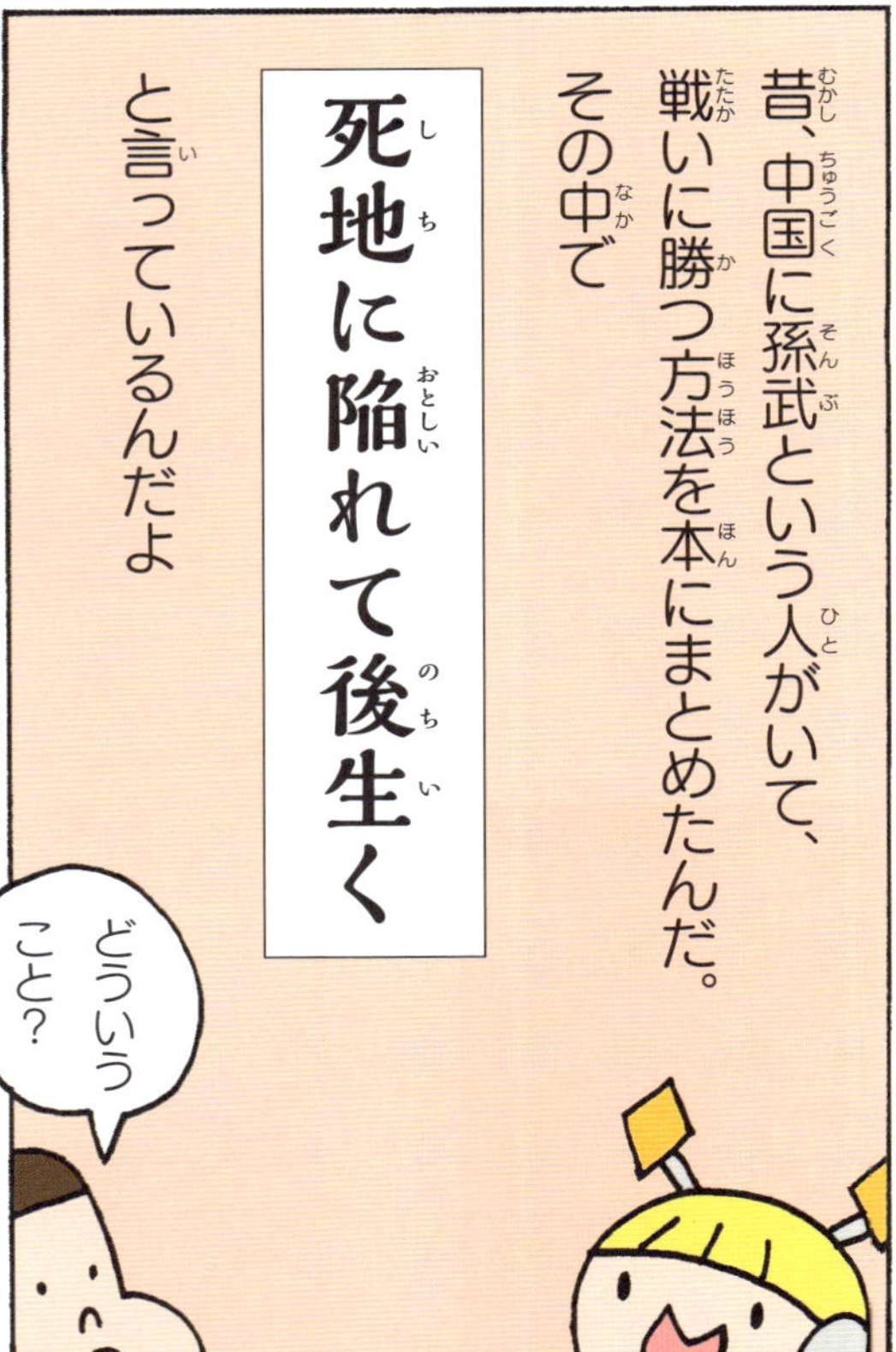
昔《むかし》、中国《ちゅうごく》に孫武《そんぶ》という人《ひと》がいて、戦《たたか》いに勝《か》つ方法《ほうほう》を本《ほん》にまとめたんだ。その中《なか》で
死地《しち》に陥《おとしい》れて後生《のちい》く
と言《い》っているんだよ
どういうこと？

敵《てき》は3カ所《しょ》に陣取《じんど》っている…攻《せ》めるのに最《もっと》も危険《きけん》なのはどこか？
山《やま》の上《うえ》でしょう。われわれの動《うご》きが丸見《まるみ》えですから…
よし！山《やま》の上《うえ》を攻《せ》める！
ええっ!!
危《き》険《けん》なのに!?
続《つづ》けーー！
ゆーーっ
ドドド
ゆー
ゆー
このように大《だい》ピンチ（死地《しち》）で戦《たたか》うと必死《ひっし》になり、大《おお》きな力《ちから》がわいてきて、むしろ勝機《しょうき》をつかめるってことさ

覚《おぼ》えておきたい大事《だいじ》な格言《かくげん》

死地《しち》に陥《おとしい》れて後《のち》生《い》く

『孫子《そんし》』（孫武《そんぶ》が著《あらわ》した兵法書《へいほうしょ》）の「九地篇《きゅうちへん》」に書《か》かれている言葉《ことば》。

味方《みかた》の軍《ぐん》をあえて絶体絶命《ぜったいぜつめい》の状態《じょうたい》に陥《おとしい》れて、必《ひっ》死《し》の覚悟《かくご》で戦《たたか》わせることで、はじめて助《たす》かる方法《ほうほう》を見出《みいだ》すことができる、という意味《いみ》。

孫武《そんぶ》（生没年不詳《せいぼつねんふしょう》）

中国《ちゅうごく》の春秋時代《しゅんじゅうじだい》の兵法家《へいほうか》。斉《せい》の出身《しゅっしん》で、呉王《ごおう》に仕《つか》えた。孫子《そんし》は、兵法書《へいほうしょ》『孫子《そんし》』の作者《さくしゃ》。尊敬《そんけい》をこめた孫武《そんぶ》の呼《よ》び方《かた》でもある。戦力思想《せんりょくしそう》や戦術《せんじゅつ》・情報戦《じょうほうせん》など、軍事研究《ぐんじけんきゅう》における業績《ぎょうせき》は、後世《こうせい》にもさまざまな影響《えいきょう》を与《あた》えている（くわしくは115ページ）。

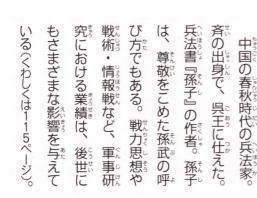

齋藤先生《さいとうせんせい》からのメッセージ

ピンチこそチャンス！あきらめない気《き》持《も》ちが人《ひと》を強《つよ》くする

カッコイイ生《い》き方《かた》をするための2つめの土台《どだい》。それはあきらめない気《き》持《も》ちだ。どんなに苦《くる》しい状況《じょうきょう》にあっても、逆風《ぎゃくふう》に負《ま》けずに努力《どりょく》を続《つづ》ける姿勢《しせい》がカッコイイ。苦《くる》しい状況《じょうきょう》に言《い》いわけをせず、真《ま》っ向《こう》からぶつかっていく。何事《なにごと》にも真剣《しんけん》に取《と》り組《く》めば、人《ひと》は強《つよ》くなれる。すると幸運《こううん》も訪《おとず》れるようになるんだ。苦難《くなん》を乗《の》りこえられれば、さらにカッコイイ。それが大《おお》きな自信《じしん》となって、次《つぎ》の逆風《ぎゃくふう》にも立《た》ち向《む》かえるようになるからね。

ピンチになったときこそ、カッコよくなれるチャンスだと考《かんが》えよう！

土台《どだい》その3

人《ひと》をねたまない心《こころ》

今《いま》のはレッドカード！
ピピー
人《ひと》をうらやましがって憎《にく》む気持《きも》ち…
そういう人《ひと》をねたむ心《こころ》があるとカッコよくなれないぞ!!
ドキッ
人《ひと》をねたむ心《こころ》は…「嫉妬《しっと》」とも、いう…
しっと…
知《し》っといてね♡
キラリ
ダジャレ…
ガク

でもさぁ…
ハルキは お父《とう》さんが コーチで お兄《にい》ちゃんも サッカーやってるから いつも教《おし》えてもらえるし
ユウトは学年《がくねん》で 一番《いちばん》体《からだ》がデカくて 足《あし》もはやい じゃん…
それに比《くら》べて オレは 家族《かぞく》はだれも サッカーできないし、 足《あし》もおそいし 勝《か》てるわけないよ
ブツ ブツ
ボム
それは 言《い》いわけ!!

ねたまない人《ひと》になるには

ハルキって ドリブル うまいよな
オレにも 教《おし》えて
いいよ!!
ドリブル するときは ボールを 見《み》がちだけど 目《め》線《せん》を 上《あ》げたほうが いいよ
え、そうなんだ!
ハルキ いいやつだな (ちょっとむかつくけど)
こういう カッコを つける のが カッコ 悪《わる》い!!
すいません…

ねたむ心《こころ》はカッコ悪《わる》い。人《ひと》の長所《ちょうしょ》はすなおにみとめよう！

カッコイイ生《い》き方《かた》をするための3つめの土台《どだい》。それは人《ひと》をねたまない心《こころ》だ。人《ひと》にはそれぞれ、得意不得意《とくいふとくい》があるよね。自分《じぶん》よりも優《すぐ》れているところを持《も》った人《ひと》を、うらやましく思《おも》うのはしかたがない。でも、ねたむ心《こころ》はよくない。ねたみは絶対《ぜったい》に自分《じぶん》を向上《こうじょう》させないからね。

人《ひと》の優《すぐ》れているところは、ちゃんとみとめてほめる。そのうえで自分《じぶん》も努力《どりょく》を続《つづ》けよう。人《ひと》をうらやむ気持《きも》ちをプラスの方向《ほうこう》に変《か》えるんだ。

どうだい？　これならカッコイイだろう？

1コマアドバイス その1

変人《へんじん》になることをおそれるな！

人《ひと》とはちがった意見《いけん》を言《い》ったり、行動《こうどう》をしたりすると、変人《へんじん》だと思《おも》われることがあるよね。だから、そういう言動《げんどう》をとるには勇気《ゆうき》がいる。でも**少《すこ》し変《へん》なくらい**がイイってこともあるよ！

ただ変《へん》なことをしたり、目立《めだ》とうとしたりすればイイわけじゃないよ！

大切《たいせつ》なのはこの2つ！

・**常識《じょうしき》**を知《し》ったうえで、あえて**視点《してん》を変《か》えて人《ひと》とちがった考《かんが》え方《かた》**ができること。

・たとえ変人《へんじん》だと思《おも》われても、**自分《じぶん》が正《ただ》しい**と思《おも》うなら考《かんが》えを**貫《つらぬ》き通《とお》せる**こと。

第《だい》2章《しょう》

人《ひと》のために生《い》きる人《ひと》はカッコイイ！

ギブアンドテイクって何《なに》？

きみたちは
ギブアンドテイクって知《し》ってる?
聞《き》いたことある!
ギブアップじゃなくて?
英語《えいご》でギブは与《あた》える、テイクは得《え》る
キラーン
つまりギブアンドテイクは与《あた》えたりもらったりすること!
人《ひと》と人《ひと》との関係《かんけい》は与《あた》えたり、もらったりで成《な》り立《た》っているんだよ
まあそうかな…
さっきもらったガムのお返《かえ》しにオレが半日《はんにち》なめてた梅干《うめぼ》しのタネあげる
ハイ
チュパ
いらんわ!

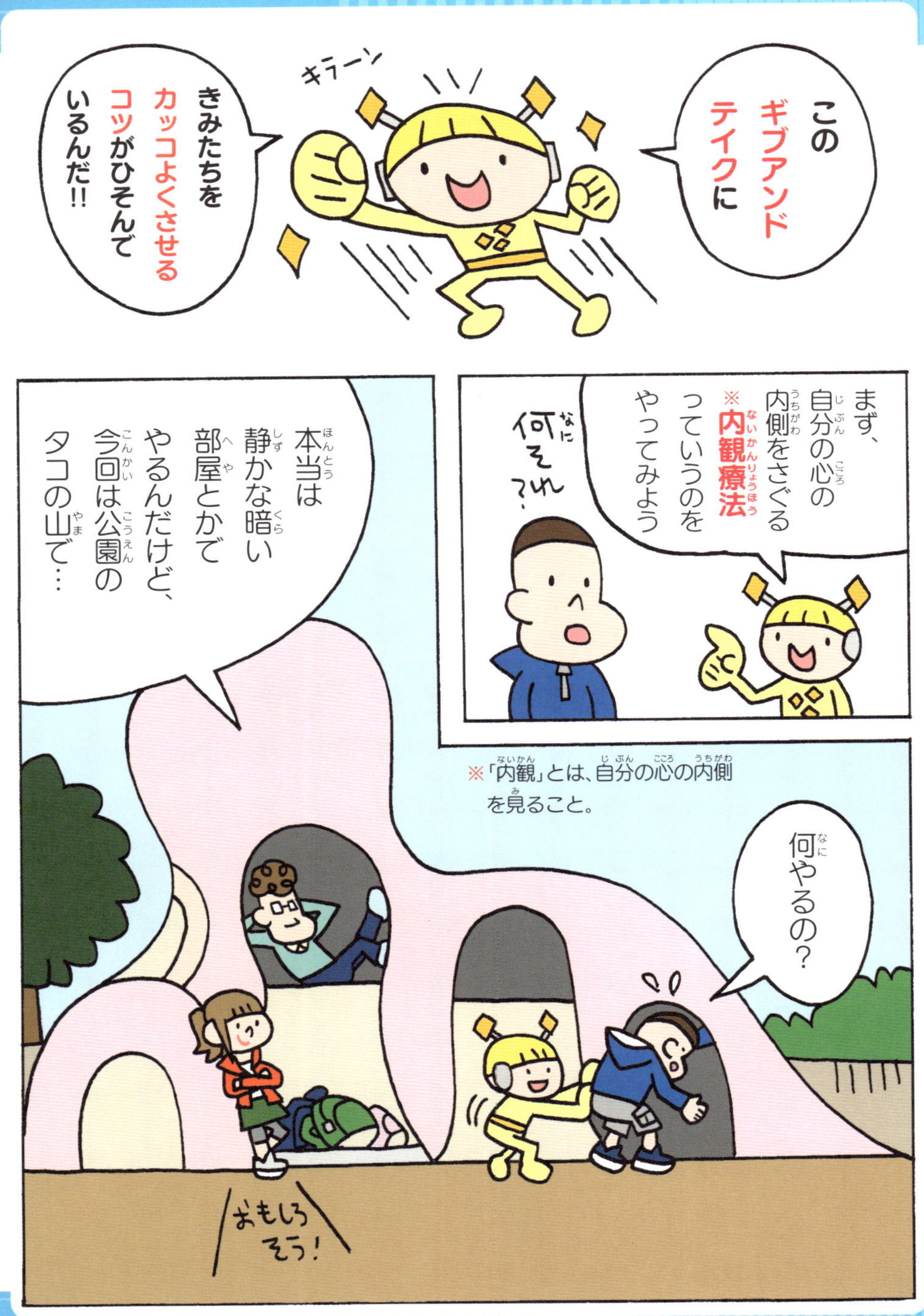

このギブアンドテイクに
キラーン
きみたちをカッコよくさせるコツがひそんでいるんだ!!
まず、自分《じぶん》の心《こころ》の内側《うちがわ》をさぐる※内観療法《ないかんりょうほう》っていうのをやってみよう
何《なに》それ?
本当《ほんとう》は静《しず》かな暗《くら》い部屋《へや》とかでやるんだけど、今回《こんかい》は公園《こうえん》のタコの山《やま》で…
※「内観《ないかん》」とは、自分《じぶん》の心《こころ》の内側《うちがわ》を見《み》ること。
何《なに》やるの?
おもしろそう!

この中《なか》で、これまでお父《とう》さんやお母《かあ》さんにしてもらったことを1つずつ細《こま》かく思《おも》い出《だ》してみて
わかった…
幼稚園《ようちえん》の送《おく》りむかえをしてもらった
おべんとうをつくってもらった
かいじゅうショーにつれてってもらった
プールでおよぎを教《おし》えてくれた
せんたくしてくれた
遊園地《ゆうえんち》につれてってもらった
インフルエンザになったとき側《そば》にいてくれた…

じゃあ、今度《こんど》は自分《じぶん》が両親《りょうしん》にしてあげたことを思《おも》い出《だ》して
わかった!!
お父《とう》さんの肩《かた》をもんだ…
食器《しょっき》を運《はこ》んだ…
せんたく物《もの》を取《と》りこんだ…
あれ!? …少《すく》ない〜〜

なんか いろいろ やってもらってるのに オレは何《なに》も してあげてないんだなー
ポリポリ
ハハハ
親《おや》って すごいな… 感謝《かんしゃ》の気持《きも》ちが わいてきたぞ!
その気持《き》ち《も》が 大切《たいせつ》ーっ!!
グッ
キラーン
オレも やってみる!!
わたしも!
今《いま》 思《おも》い出《だ》した ことを書《か》きとめて おくといいよ!
ハイ
カキカキ

3人《にん》とも、
赤《あか》ちゃんのときのことは
覚《おぼ》えていないだろうけど、
お父《とう》さんやお母《かあ》さんは
今《いま》よりもっと
多《おお》くのエネルギーを
使《つか》っていたんだよ

赤《あか》ちゃんは
自分《じぶん》では何《なに》も
できないからね

医療《いりょう》が
発達《はったつ》していなかった昔《むかし》。
子《こ》どもは小《ちい》さいうちに
死《し》んでしまうことが
ひんぱんにあった

七五三《しちごさん》って、
3歳《さい》まで生《い》きられた、
5歳《さい》まで生《い》きられた、
7歳《さい》まで育《そだ》ったから
もう大丈夫《だいじょうぶ》！
っていうお祝《いわ》い
だったんだよ

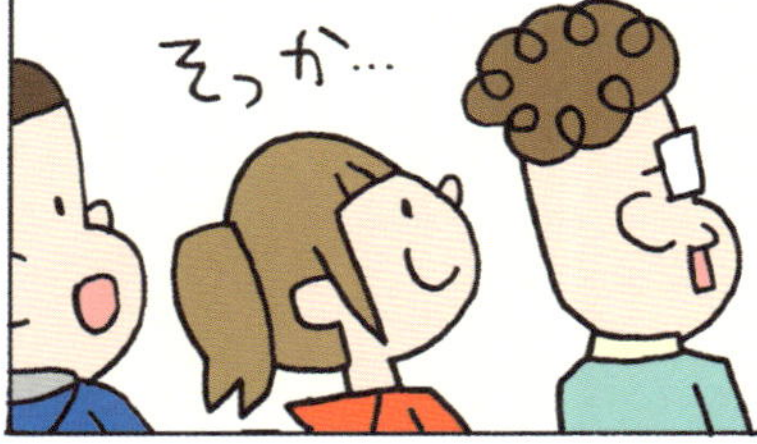

ギブアンドテイクっていってても
ぼくら子《こ》どもはテイクがものすごく多《おお》いってことか…
こんな感《かん》じかな？
チョコン
ギブ（あげる）
テイク（もらう）
ドスーン
オレも…
でも将来《しょうらい》、きみたちが周《まわ》りの人《ひと》にテイク（もらう）よりギブ（あげる）を多《おお》くできるようになればいいよね!!
そんなふうになれたらカッコイイ!!

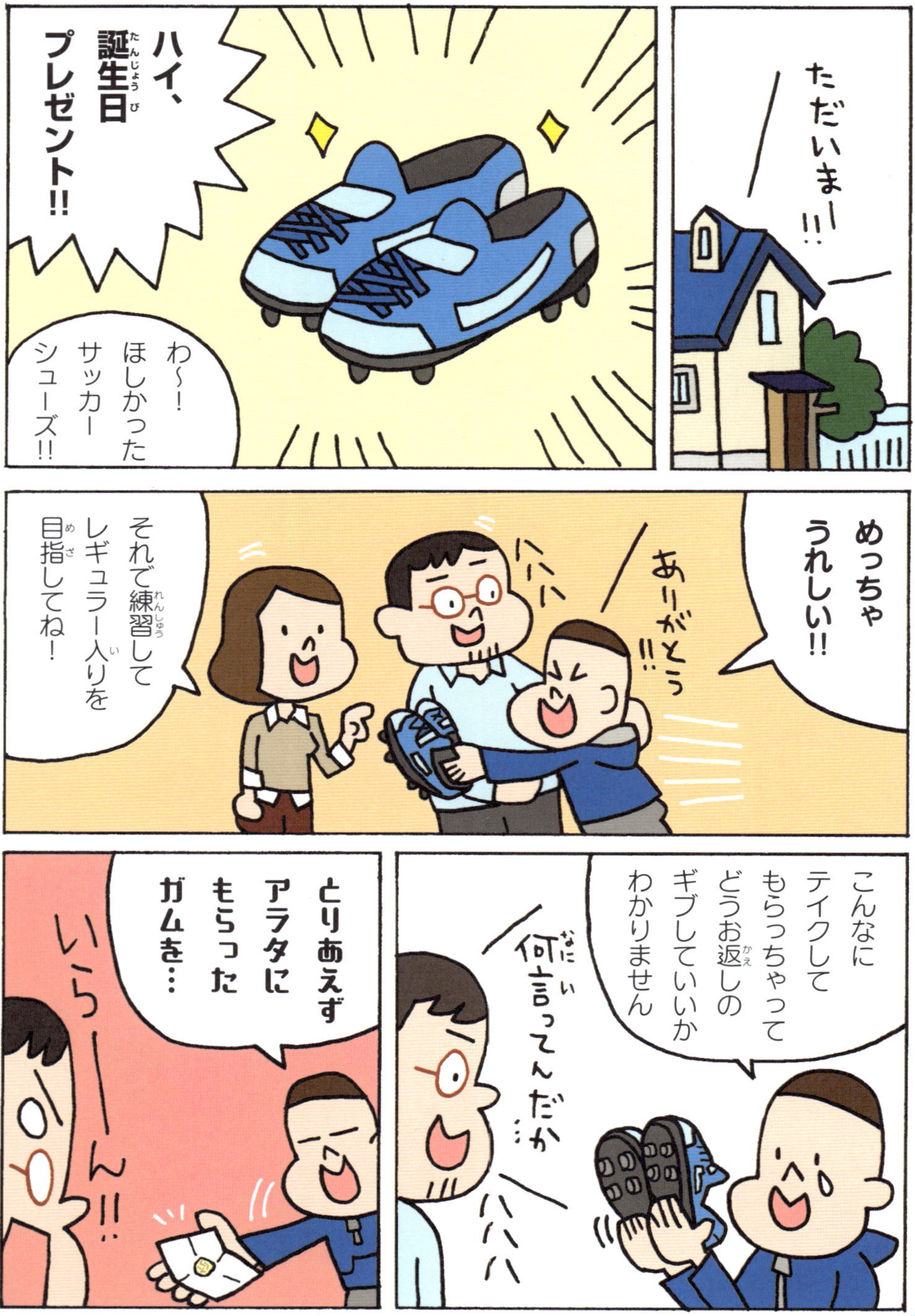
ただいまー!!
ハイ、誕生日《たんじょうび》プレゼント!!
わ〜! ほしかったサッカーシューズ!!
めっちゃうれしい!!
ありがとう!!
ハハハ
それで練習《れんしゅう》してレギュラー入《い》りを目指《めざ》してね!
こんなにテイクしてもらっちゃってどうお返《かえ》しのギブしていいかわかりません
何言《なにい》ってんだか…
ハハハ
とりあえずアラタにもらったガムを…
いらーーん!!

齋藤先生《さいとうせんせい》からのメッセージ

してもらうことより、してあげることを増《ふ》やそう！

わたしたちの社会《しゃかい》は、おたがいに助《たす》け合《あ》って生《い》きていくという人間関係《にんげんかんけい》で成《な》り立《た》っている。どんなに小《ちい》さなことでも、その裏側《うらがわ》には必《かなら》ずだれかの努力《どりょく》がかくれている。だから、感謝《かんしゃ》の気持《きも》ちは常《つね》に持《も》っていたいね。

内観療法《ないかんりょうほう》でこれまでの自分《じぶん》をふり返《かえ》り、だれかにしてもらったことと、自分《じぶん》がしてあげたことを思《おも》い出《だ》してみよう。してもらったことが、いかに多《おお》いか気《き》づくはずだ。今《いま》よりもっと、自分《じぶん》がしてあげることを増《ふ》やしていく。それもカッコイイ生《い》き方《かた》といえるんじゃないかな。

使命感《しめいかん》を感《かん》じて生《い》きよう！

トイレ掃除《そうじ》当番《とうばん》なんだから
プンプン
ちゃんとやってよ!!
ぐへ〜〜
おいしっかりしろ!!
ミッションをやりとげないと
カッコよくなれないぞ!
ミッションって何《なに》?
連《つ》れションなら、よくやってるけど
カンケーなーい!
「ミッション」とは「使命《しめい》」と言《い》いかえてもいいかな

トイレ掃除《そうじ》の当番《とうばん》はきれいにしてみんなが気持《きも》ちよく使《つか》えるようにって思《おも》いでやるよね
そんなふうに人《ひと》の役《やく》に立《た》ちたい！自分《じぶん》はこうすべきだ！と感《かん》じることが「使命《しめい》」だよ!!
川《かわ》の水《みず》があふれて危険《きけん》だから堤防《ていぼう》の工事《こうじ》をする
だまされてひどい目《め》にあった人《ひと》を救《すく》うために弁護士《べんごし》になる
人《ひと》びとの安全《あんぜん》を守《まも》るために警察《けいさつ》の仕事《しごと》をする
病気《びょうき》の人《ひと》を救《すく》うために医者《いしゃ》になる
被災地《ひさいち》で少《すこ》しでも力《ちから》になりたいとボランティア活動《かつどう》をする
みんな使命《しめい》を感《かん》じてやってるよね

天然痘《てんねんとう》を根絶《こんぜつ》した日本人《にほんじん》

人類史上《じんるいしじょう》、最悪《さいあく》、最強《さいきょう》の病《やまい》といわれた「天然痘《てんねんとう》」。感《かん》染《せん》すると高熱《こうねつ》と発疹《はっしん》に襲《おそ》われ、有効《ゆうこう》な治療法《ちりょうほう》のない伝《でん》染病《せんびょう》だ。

１９６２年《ねん》にアフリカで、天然痘《てんねんとう》の犠牲《ぎせい》になった多《おお》くの子《こ》どもたちの現実《げんじつ》に直面《ちょくめん》した蟻田功《ありたいさお》は、ＷＨＯ《ダブリューエイチオー》（世《せ》界保健機関《かいほけんきかん》）の天然痘撲滅《てんねんとうぼくめつ》プロジェクトのリーダーとして、世界中《せかいじゅう》の天然痘《てんねんとう》に闘《たたか》いを挑《いど》むことになった。

国《くに》や民族《みんぞく》、宗教《しゅうきょう》を超《こ》えて40人《にん》のメンバーを募《つの》った蟻《あり》田《た》は、各国《かっこく》を飛《と》び回《まわ》り、内《ない》戦《せん》が続《つづ》くアフリカでも、命《いのち》がけでワクチン接種《せっしゅ》を続《つづ》けた。

そして、１９８０年《ねん》のＷ《ダブリュー》ＨＯ《エイチオー》総会《そうかい》で、ついに天然痘《てんねんとう》の世界根絶宣言《せかいこんぜつせんげん》が行われた。のべ73カ国《こく》、20万人《まんにん》が参加《さんか》した、天然痘撲滅《てんねんとうぼくめつ》を目指《めざ》す闘《たたか》いは、日本人《にほんじん》の蟻田功《ありたいさお》をリーダーとする人類《じんるい》の勝利《しょうり》に終《お》わったのだ。

蟻《あり》田《た》　功《いさお》（１９２６年《ねん》〜）

熊本県出身《くまもとけんしゅっしん》の医師《いし》、公衆衛生学者《こうしゅうえいせいがくしゃ》。熊本医科大学《くまもといかだいがく》（現《げん》・熊《くま》本大学医学部《もとだいがくいがくぶ》）卒業《そつぎょう》。その後《ご》、１９５０年《ねん》に厚生省《こうせいしょう》（現《げん》・厚生《こうせい》労働省《ろうどうしょう》）公衆衛生局《こうしゅうえいせいきょく》に入局《にゅうきょく》。１９６２年《ねん》からＷＨＯ《ダブリューエイチオー》（世界《せかい》保健機関《ほけんきかん》）に出向《しゅっこう》し、西《にし》アフリカで天然痘《てんねんとう》や熱帯病《ねったいびょう》の研究《けんきゅう》にたずさわった。

１９７７年《ねん》にはＷＨＯ《ダブリューエイチオー》世界《せかい》天然痘根絶対策本部長《てんねんとうこんぜつたいさくほんぶちょう》を務《つと》め、任期中《にんきちゅう》の１９８０年《ねん》に「天然痘《てんねんとう》根絶宣言《こんぜつせんげん》」を発表《はっぴょう》した。

遠《とお》く離《はな》れたアフリカとか
日本以外《にほんいがい》でもがんばるなんてすごいよね
確《たし》かにカッコイイ…
キラーン
そう！自分《じぶん》のためだけじゃなくもっと大切《たいせつ》な何《なに》かのためにがんばる!!
その気《き》持《も》ちが人《ひと》を輝《かがや》かせるんだよ!!
でもトイレ掃除《そうじ》じゃ輝《かがや》くのは自分《じぶん》じゃなくて
便器《べんき》だけだよね？
それはちがうよ！

まずは自分《じぶん》の係《かかり》の仕事《しごと》とか、勉強《べんきょう》とか与《あた》えられた使命《しめい》をきちんとやる！
そうすれば将来《しょうらい》、自分《じぶん》がやらなければならないミッションに気《き》づくはず!!
ビューン
はは〜
みんなが気持《きも》ちよくトイレを使《つか》えるようにキレイにするのだって大事《だいじ》な使命《しめい》よ！
ちゃんとやってね…
ハイ
シメイ…
よし！これがオレのシメイだ!!
それは氏名《しめい》だろ！
ダメだこりゃ…

生物学者《せいぶつがくしゃ》レイチェル・カーソンの使命感《しめいかん》

レイチェル・カーソン
（1907年《ねん》〜1964年《ねん》）

アメリカ・ペンシルベニア州《しゅう》生まれの生物学者《せいぶつがくしゃ》。幼《おさな》いころから作家《さっか》を志《こころざ》す一方《いっぽう》、大学院《だいがくいん》時代《じだい》に海洋生物学《かいようせいぶつがく》の研究《けんきゅう》を始《はじ》める。

あるとき、友人《ゆうじん》から役所《やくしょ》が畑《はたけ》に農薬《のうやく》をまいた後《あと》、家《いえ》に来《き》ていたコマドリが死《し》んだ話《はなし》を聞《き》く。これをきっかけとして、農薬《のうやく》と環境《かんきょう》の関係《かんけい》を研究《けんきゅう》するようになる。

1962年《ねん》に出版《しゅっぱん》した『沈黙《ちんもく》の春《はる》』は、化学物質《かがくぶっしつ》の危険性《きけんせい》を告発《こくはつ》する内容《ないよう》で、世《せ》界《かい》に大《おお》きなしょうげきを与《あた》えた。

レイチェル・
カーソンは、
環境汚染《かんきょうおせん》の
おそろしさを
初《はじ》めて世《よ》に
うったえた
人《ひと》だよ
ブーン
農薬《のうやく》と環境《かんきょう》との
関係《かんけい》を徹底的《てっていてき》に
調《しら》べたの
当時《とうじ》、そんなことを
調《しら》べている人《ひと》は
だれもいなかったけど
学者《がくしゃ》や医師《いし》、
農業《のうぎょう》の専門家《せんもんか》とも
手紙《てがみ》のやりとりをして
研究《けんきゅう》を重《かさ》ねた
すると、
このまま放《ほう》っておくと
地球環境《ちきゅうかんきょう》は大変《たいへん》なことに
なると気《き》づいたの
そのころ、
レイチェルはガンに
おかされていたんだけれど、
使命感《しめいかん》に燃《も》えて、
研究《けんきゅう》を続《つづ》け――

自分《じぶん》の調《しら》べたことを発表《はっぴょう》すれば
薬品会社《やくひんがいしゃ》や化学工場《かがくこうじょう》を
敵《てき》に回《まわ》すとわかっていたけど
本当《ほんとう》のことを
伝《つた》えなくてはいけないと、
『沈黙《ちんもく》の春《はる》』という本《ほん》を
出版《しゅっぱん》したの
SILENT SPRING
Rachel Carson

そのおかげで環境問題《かんきょうもんだい》への取《と》り組《く》みが世界中《せかいじゅう》でスタートしたんだって!!
へー、すごい人《ひと》がいたんだなあ…

わたしもレイチェル・カーソンみたいに使命感《しめいかん》を持《も》って生《い》きたいなーって思《おも》った！
レイチェル・カーソン
なるほどー
リンってそんな本《ほん》読《よ》んでるんだねー
すごい!!
わたし、自然《しぜん》とか生《い》き物《もの》に興味《きょうみ》があるから
ソウタくんの読《よ》んでる本《ほん》も見《み》せてよ!!
イヤー
サッ
オレも自然《しぜん》っていうか、生《い》き物《もの》関係《かんけい》の本《ほん》なんだけど…
妖怪大《ようかいだい》ずかん
どこがだよ

トヨタがプリウスをつくった理由《りゆう》

1990年代《ねんだい》になって「地球温暖化《ちきゅうおんだんか》」が強《つよ》く叫《さけ》ばれるようになった。20世紀《せいき》になってから地球全体《ちきゅうぜんたい》の平均気温《へいきんきおん》が0.7度《ど》くらい上昇《じょうしょう》したからね!

うーむ
そして、2007年《ねん》に、その主《おも》な原因《げんいん》が「温室効果《おんしつこうか》ガス」だと発表《はっぴょう》されたんだ!

ポカポカ
そのナントカ効果《こうか》ガスって…

オナラじゃないよ!

プス〜

うう…

温室効果《おんしつこうか》ガスの主《おも》なものに二酸化炭素《にさんかたんそ》（CO_2《シーオーツー》）があるんだけど
ホラ!!
ものを燃《も》やしたり、呼吸《こきゅう》したりするとできる気体《きたい》だよ!!
ゴホゴホ
本当《ほんとう》だ。工場《こうじょう》のえんとつからいっぱい出《で》てる…
自動車《じどうしゃ》の排気《はいき》ガスも!!
CO_2
CO_2
CO_2
CO_2

今《いま》までたくさんの車《くるま》をつくってきたトヨタは責任《せきにん》を感《かん》じて
地球温暖化《ちきゅうおんだんか》をなんとかしなければ、と立《た》ち上《あ》がったわけ！
へーカッコイイ！
それでトヨタがぼう大《だい》な開発費《かいはつひ》をかけて開発《かいはつ》した低公害車《ていこうがいしゃ》が「プリウス」だったんだ！
キラーン
へ〜〜！

プリウスと一般自動車《いっぱんじどうしゃ》との排気《はいき》ガスのちがい

※トヨタ自動車調《じどうしゃしら》べ

一般自動車《いっぱんじどうしゃ》が排出《はいしゅつ》する排気《はいき》ガス（主《おも》に二酸化炭《にさんかたん》素《そ》）の大半《たいはん》は、走行時《そうこうじ》に排出《はいしゅつ》されているんだ。

プリウスでは、走行時《そうこうじ》の排気《はいき》ガスを大幅《おおはば》にへらすことに成功《せいこう》しているよ。これにより、排気《はいき》ガスの排出量《はいしゅつりょう》を全体《ぜんたい》で約《やく》38パーセントもへらすことができたんだ。

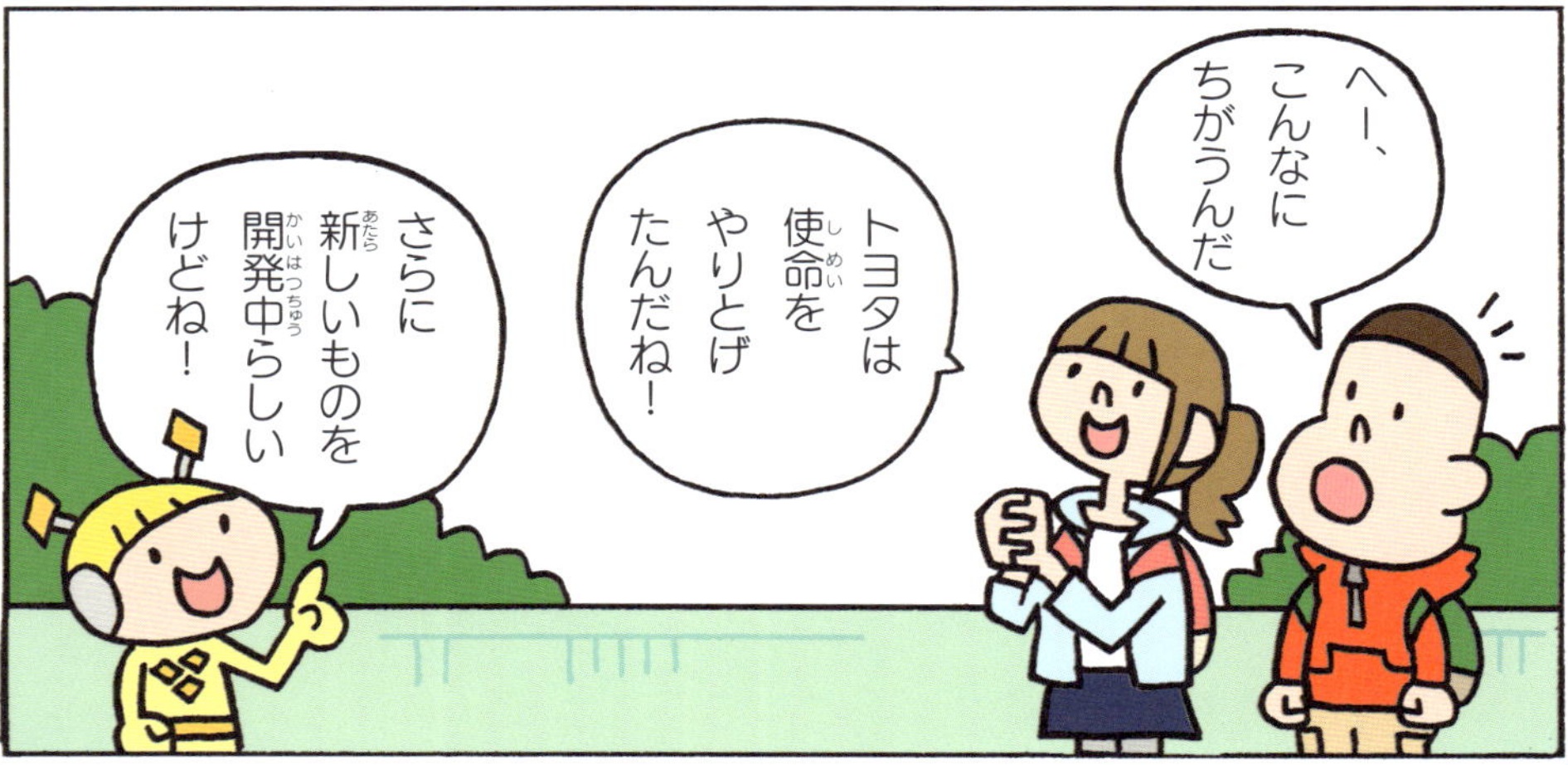

レイチェル・カーソンもトヨタも地球環境《ちきゅうかんきょう》のために使命《しめい》を感《かん》じて行動《こうどう》するところがカッコイイよね
確《たし》かに…
環境《かんきょう》か…、環境《かんきょう》、環境《かんきょう》…
アオゥ〜〜
イテー
なんでカンチョーするの!?
たまたま通《とお》りかかったら
お前《まえ》がカンチョーカンチョーって言《い》ってたから
環境《かんきょう》だよ!
ダメだこりゃ…

ノーブレス・オブリージって何《なに》？

ダイアナ妃《ひ》のカッコイイところは お姫《ひめ》さまなのに 地雷除去活動《じらいじょきょかつどう》を 熱心《ねっしん》にしていたことよ！
HALO
身分《みぶん》の高《たか》い人《ひと》が危険《きけん》をかえりみずに人《ひと》のために行動《こうどう》するっていうのがすごいのよ
確《たし》かに…
ソウタのへや
バタン
ダイアナ妃《ひ》か…
キラーン
それってノーブレス・オブリージだね!!
何《なに》？
オブラディオブラダ？

新渡戸稲造《にとべいなぞう》（1862年《ねん》～1933年《ねん》）

岩手県《いわてけん》生《う》まれ。教育者《きょういくしゃ》、農政学者《のうせいがくしゃ》。札幌農学校《さっぽろのうがっこう》（現《げん》・北海道大学《ほっかいどうだいがく》）卒業後《そつぎょうご》、欧米《おうべい》へ留学《りゅうがく》。第一高等学校校長《だいいちこうとうがっこうこうちょう》、東京《とうきょう》女子大学長《じょしだいがくちょう》などを務《つと》めた。

新渡戸《にとべ》は著書《ちょしょ》『武士道《ぶしどう》』の中《なか》で、武人《ぶじん》の「身分《みぶん》にともなう義務《ぎむ》」という言葉《ことば》を登場《とうじょう》させている。武士《ぶし》にとって、ノーブレス・オブリージの精神《せいしん》は、人《ひと》の上《うえ》に立《た》つ者《もの》として重要《じゅうよう》だと説《と》いている。

ノーブレス・オブリージの例《れい》

イギリス王室《おうしつ》 ウィリアム王子《おうじ》

ホームレスの人《ひと》びとを支援《しえん》するNGO《エヌジーオー》（非政府組織《ひせいふそしき》）団体《だんたい》に参加《さんか》している。ホームレスの人《ひと》びとの苦《くる》しい立場《たちば》に関心《かんしん》を寄《よ》せてもらうため、自分自身《じぶんじしん》がロンドンで一夜《いちや》の路上生活《ろじょうせいかつ》を体験《たいけん》した。

イギリス王室《おうしつ》 ヘンリー王子《おうじ》

アフリカ南部《なんぶ》にある国《くに》レソトに、自分《じぶん》が創設《そうせつ》したボランティア団体《だんたい》が運《うん》営《えい》する児童養護施設《じどうようごしせつ》を開設《かいせつ》した。

ロックフェラー財団《ざいだん》

ニューヨーク州《しゅう》に本部《ほんぶ》を置《お》くロックフェラー財団《ざいだん》は、世界《せかい》で最《もっと》も影響力《えいきょうりょく》があるNGO《エヌジーオー》の１つ。医学《いがく》、農業《のうぎょう》、自然科学《しぜんかがく》などさまざまな分野《ぶんや》で、東南《とうなん》アジアやアフリカなどへの援助《えんじょ》や、留学生《りゅうがくせい》の奨学金制度《しょうがくきんせいど》に力《ちから》を入《い》れている。

鉄鋼王《てっこうおう》 アンドリュー・カーネギー氏《し》

アメリカの鉄鋼王《てっこうおう》カーネギーは、世界各地《せかいかくち》に2811もの図書館《としょかん》をつくるなど、公共《こうきょう》の利益《りえき》、教育的発展《きょういくてきはってん》のために資産《しさん》を捧《ささ》げた。

実業家《じつぎょうか》 ビル・ゲイツ氏《し》

これまでの寄付《きふ》の大半《たいはん》を、夫妻《ふさい》が創設《そうせつ》した慈善団体《じぜんだんたい》宛《あて》に行《おこな》ってきた。総額《そうがく》は5070億円相当《おくえんそうとう》（2017年時点《ねんじてん》）。

ソフトバンク創立者《そうりつしゃ》 孫正義氏《そんまさよしし》

2011年《ねん》の東日本大震災《ひがしにほんだいしんさい》の被災者《ひさいしゃ》のさまざまな救済活《きゅうさいかつ》動《どう》に対《たい》し、総額《そうがく》100億円《おくえん》の寄付《きふ》をしている。

でも それって 子《こ》どもが できることじゃ なくない？
そんな ことは ないよ!!
たとえば…
リーダーシップのある子《こ》が学級委員《がっきゅういいん》を引《ひ》き受《う》けたり
わたし やります！
成績《せいせき》のいい子《こ》がみんなに勉強《べんきょう》を教《おし》えてあげたり
それって ○○を ××で やれば いいんだよ！
そっか
それって いつも リンが やってる ことじゃん…
あいつ すげーな…
出《で》た!! ノーブレス・オブリー児《じ》!!
何《なに》？
へんな あだ名《な》つけ ないで！

齋藤先生《さいとうせんせい》からのメッセージ

世《よ》のため人《ひと》のために、使命感《しめいかん》を持《も》って生《い》きてみよう！

使命感《しめいかん》を持《も》って、努力《どりょく》を続《つづ》ける生《い》き方《かた》もカッコイイぞ。だれかから命《めい》令《れい》されたものではなく、自分自身《じぶんじしん》で「世《よ》のため人《ひと》のためにやるべきことだ」と気《き》づいたミッション。それが人《ひと》としての使命《しめい》だ。マンガの中《なか》では、勇気《ゆうき》を出《だ》して環境問題《かんきょうもんだい》にとびこんだレイチェル・カーソンや、低公害車《ていこうがいしゃ》のプリウスを開発《かいはつ》したトヨタ自動車《じどうしゃ》が例《れい》にあがっていたね。自分《じぶん》にやれる力《ちから》があるのなら、その力《ちから》を惜《お》しまずに社会《しゃかい》のために使《つか》おう。それこそが「ノーブレス・オブリージ」というものだ。カッコイイ生《い》き方《かた》だよね。

会社《かいしゃ》の社長《しゃちょう》さんはえらくてカッコイイ！

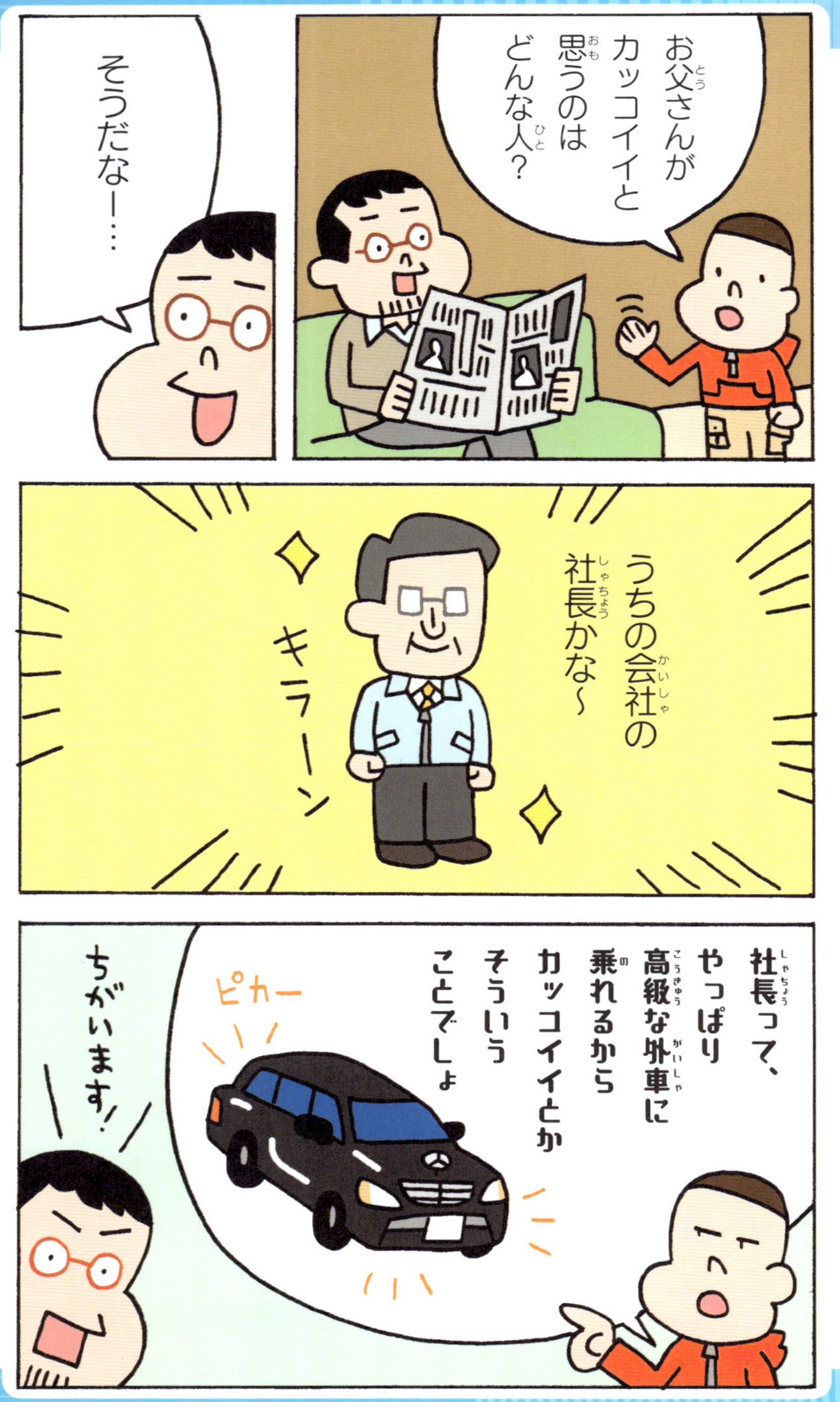

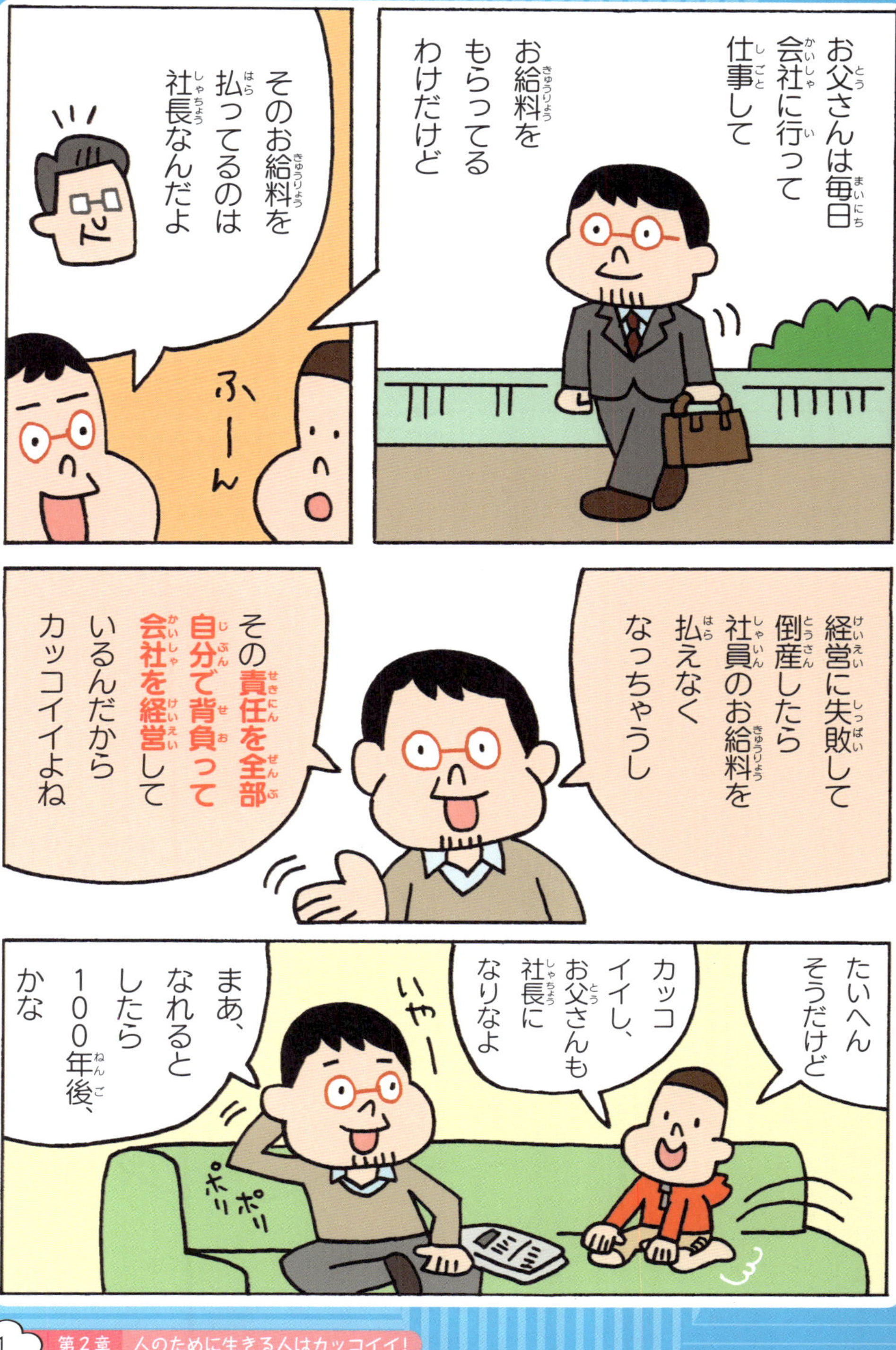
お父《とう》さんは毎日《まいにち》会社《かいしゃ》に行《い》って仕事《しごと》して
お給料《きゅうりょう》をもらってるわけだけど
そのお給料《きゅうりょう》を払《はら》ってるのは社長《しゃちょう》なんだよ
ふーーん
経営《けいえい》に失敗《しっぱい》して倒産《とうさん》したら社員《しゃいん》のお給料《きゅうりょう》を払《はら》えなくなっちゃうし
その責任《せきにん》を全部《ぜんぶ》自分《じぶん》で背負《せお》って会社《かいしゃ》を経営《けいえい》しているんだからカッコイイよね
たいへんそうだけど
カッコイイし、お父《とう》さんも社長《しゃちょう》になりなよ
いやー
まあ、なれるとしたら100年後《ねんご》、かな
ポリポリ

クルクル
お父《とう》さんが言《い》ってたこと以外《いがい》にも、社長《しゃちょう》さんがカッコイイ理由《りゆう》があるよ!
シュタッ
キラリーン!
何《なに》て?
それは若《わか》い人《ひと》たちの就職先《しゅうしょくさき》ができること!
会社《かいしゃ》を経営《けいえい》するってことは、お金《かね》をかせぐだけじゃなく若《わか》い人《ひと》たちの夢《ゆめ》をつくることなんだ!

就職先《しゅうしょくさき》をつくっている社長《しゃちょう》

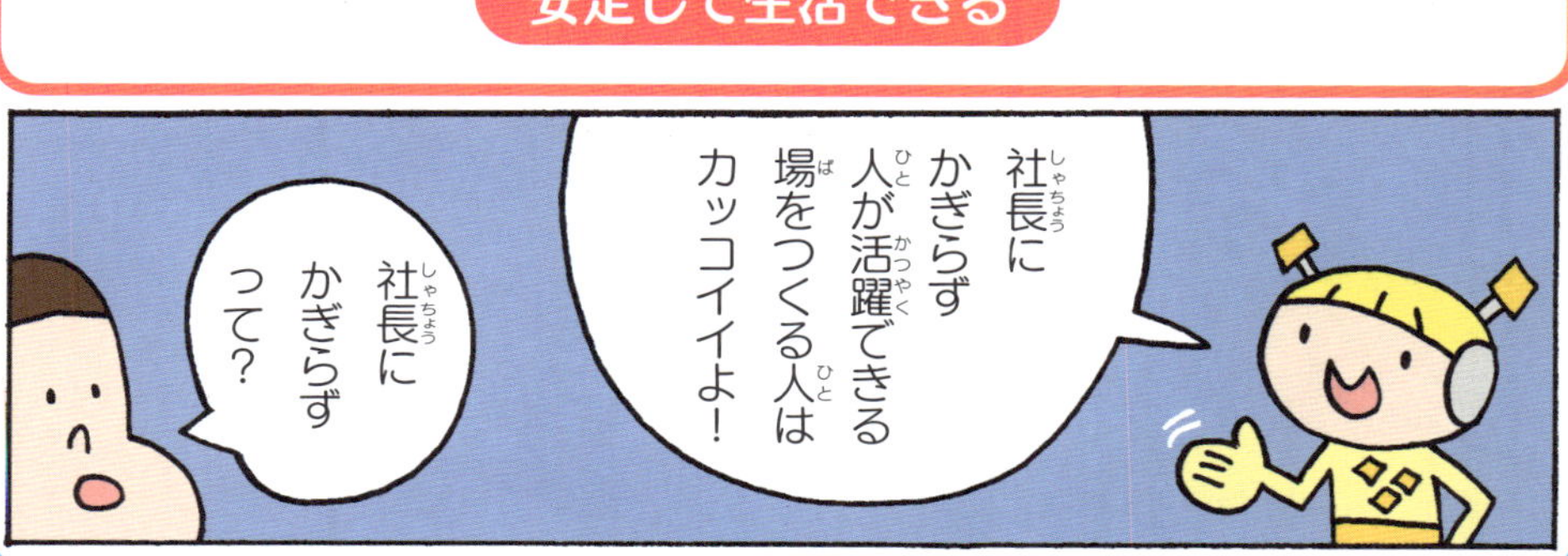

たとえば ソウタが 入《はい》りたいと 思《おも》っている J《ジェイ》リーグ
ソウタが 生《う》まれる 前《まえ》から あるけど
J《ジェイ》リーグを つくった 人《ひと》たちが いたわけ!!
そっか!
その人《ひと》たちの おかげで 大勢《おおぜい》の サッカー少年《しょうねん》の 目標《もくひょう》ができたし
J《ジェイ》リーグに 関係《かんけい》する 仕事《しごと》が たくさん できた!
サッカーの 選手《せんしゅ》だけ じゃないよ!
キラーン
ホラ 見《み》て!!

J《ジェイ》リーグに関係《かんけい》する仕事《しごと》

テレビ中継《ちゅうけい》スタッフ
サッカー選手《せんしゅ》
チームスタッフ
スタジアムの販売員《はんばいいん》
チーム運営会社《うんえいがいしゃ》
サッカー雑誌《ざっし》の記者《きしゃ》
グラウンドキーパー

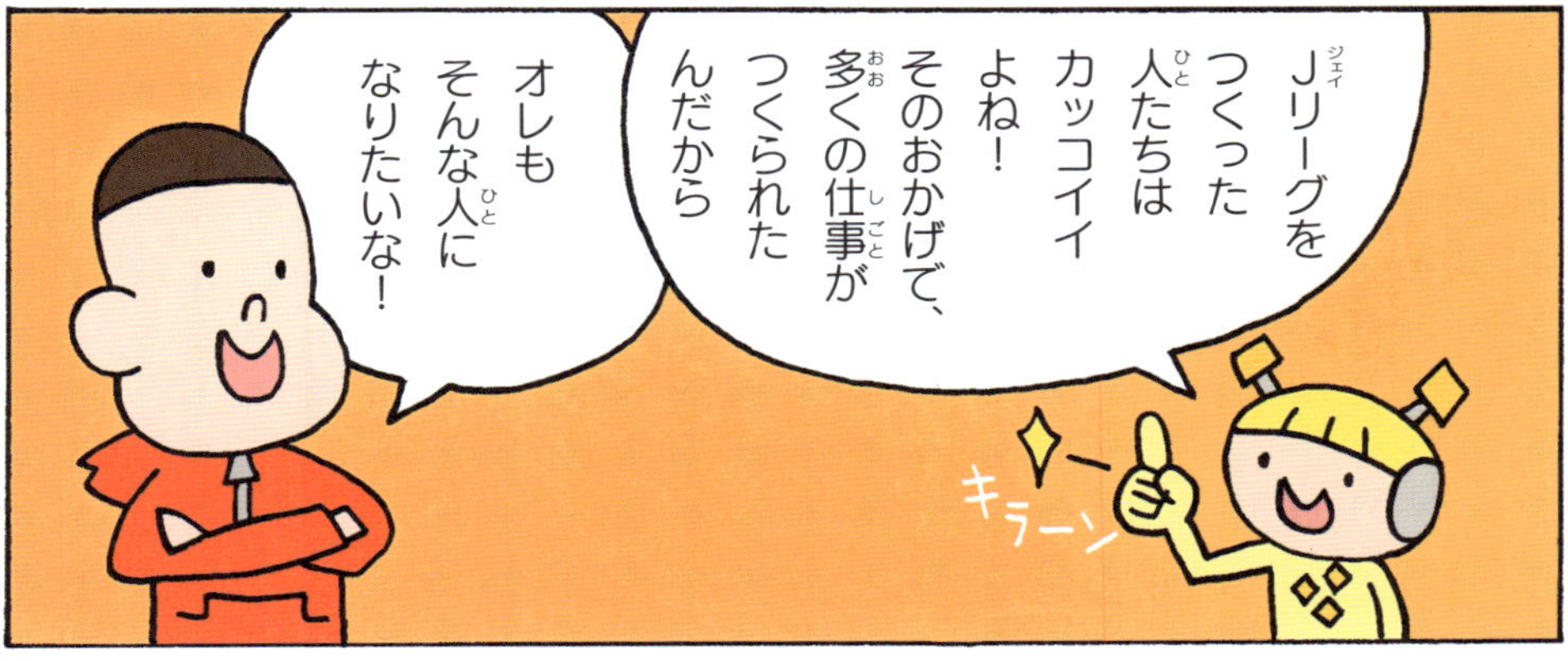
J《ジェイ》リーグをつくった人《ひと》たちはカッコイイよね！そのおかげで、多《おお》くの仕事《しごと》がつくられたんだから
キラーン
オレもそんな人《ひと》になりたいな！

オレ、ずっとサッカー選手《せんしゅ》になりたかったけど
社長《しゃちょう》になるわ!
マジで?
オレの会社《かいしゃ》の名前《なまえ》は…
株式会社《かぶしきがいしゃ》カッコイイ!!
キラーン
何《なに》それ!? どこがカッコイイの?
そりゃもう全部《ぜんぶ》カッコイイよ
社員証《しゃいんしょう》がキラカード!!
キラーン
カコイソウタ
ハナホジリアタック 50
オナラボンバー 90
ちょーカッコイイ!
ハハハ

齋藤先生《さいとうせんせい》からのメッセージ

社長《しゃちょう》さんは若者《わかもの》に活躍《かつやく》の場《ば》を、そして、夢《ゆめ》をつくっている！

社長《しゃちょう》、つまり会社《かいしゃ》を経営《けいえい》する人《ひと》を、ぼくはえらいと思《おも》う。社員《しゃいん》は、入社《にゅうしゃ》して働《はたら》けば給料《きゅうりょう》をもらえるけれど、社長《しゃちょう》さんは責任《せきにん》を持《も》って経営努力《けいえいどりょく》を続《つづ》けなければならないからね。社長《しゃちょう》さんが事業《じぎょう》を始《はじ》めて、やりがいのある仕事《しごと》を生《う》み出《だ》してくれるおかげで、多《おお》くの人《ひと》たちの職場《しょくば》ができて、生活《せいかつ》の基盤《きばん》ができるんだ。

社長《しゃちょう》さんにかぎらず、人《ひと》が活躍《かつやく》できる場《ば》、人《ひと》ががんばろうという目的《もくてき》をつくってあげられる人《ひと》って、やっぱりカッコイイよね。

1コマアドバイス その2

ボランティアってカッコイイ！

「人《ひと》のために」と聞《き》くと、「ボランティア」って言葉《ことば》も思《おも》いうかぶよね。「ボランティア」は見返《みかえ》りを求《もと》めずに、社会《しゃかい》や環境問題解決《かんきょうもんだいかいけつ》に必要《ひつよう》とされる活動《かつどう》を行《おこな》うことなんだ。

ボランティア活動《かつどう》の4つの原則《げんそく》

- 自分《じぶん》からすすんで行動《こうどう》する（自主性《じしゅせい》・主体性《しゅたいせい》）
- 見返《みかえ》りを求《もと》めない（無償性《むしょうせい》・無給性《むきゅうせい》）
- ともに支《ささ》え合《あ》い、学《まな》び合《あ》う（社会性《しゃかいせい》・連帯性《れんたいせい》）
- よりよい社会《しゃかい》をつくる（創造性《そうぞうせい》・開拓性《かいたくせい》）

人《ひと》や環境《かんきょう》のために、小《ちい》さなことでも行動《こうどう》するって大切《たいせつ》だよね。**小《ちい》さな行動《こうどう》から世界《せかい》を変《か》える**ことだって不可能《ふかのう》じゃないんだから。

第《だい》3章《しょう》

目標《もくひょう》を持《も》って努力《どりょく》できる人《ひと》はカッコイイ！

今日《きょう》はシュークリームをつくりまーす
トロー
焼《や》けるまでしばらくお待《ま》ちください
リンが目指《めざ》す仕事《しごと》が※パティシエとは知《し》らなかったなー
※菓子職人《かしょくにん》のこと。
もっと戦闘力《せんとうりょく》を生《い》かした仕事《しごと》かと…
うるさいよ!!
ぐはっ
あこがれの人《ひと》がいるんだよね

たまたま読《よ》んだ雑誌《ざっし》にのっていたパティシエ
16歳《さい》でパティシエを目指《めざ》してひとりでフランスに留学《りゅうがく》
言葉《ことば》や習慣《しゅうかん》の壁《かべ》にぶち当《あ》たりながらも、いろんな努力《どりょく》でそれを乗《の》りこえて――
フランスの一流《いちりゅう》ホテルのパティシエになったという人《ひと》なの!!

その人《ひと》みたいになりたいと思《おも》って…、今日《きょう》のシュークリームはその人《ひと》のレシピなの!!
へー
シュークリーム
いいね! ぼくらはそれを**あこがれ力《りょく》**と呼《よ》んでるよ!
あこがれ力《りょく》?
だれかをカッコイイ!と思《おも》える力《ちから》、あこがれることのできる気持《きも》ちだよ
キラン
あこがれ力《りょく》は自分《じぶん》が**カッコよくなるために必要《ひつよう》なキーワード!**
どんな人間《にんげん》になりたいか、**具体的《ぐたいてき》な目標《もくひょう》**があるってことだからね!

わたしも一流《いちりゅう》のパティシエになれるかな!?
リンちゃんなら大丈夫《だいじょうぶ》!!
ピロリロリ~
できた!!
あれぇ~~!?
ぜんぜんふくらんでない
かってぇ~~
ありゃー
グギギ
夢《ゆめ》はふくらむけどシュークリームはふくらまないね!
グギー
パティシエの道《みち》は遠《とお》そう…
大丈夫《だいじょうぶ》だよ
ひど~い…

伝記《でんき》を読《よ》んであこがれの人《ひと》を見《み》つけよう！

ちょうど図書館《としょかん》があるから伝記《でんき》を探《さが》してみよう!!
ドーン
いっぱいあるなあ…
どれにしようかな…
伝記
ナイチンゲール
アンネ・フランク
ヘレン・ケラー
マザー・テレサ
エジソン
クララ・シューマン
マリー・キュリー
モーツァルト
ケネディ
ライト兄弟
ノーベル
シュバイツァー
野口英世
勝海舟
与謝野晶子
杉原千畝
福沢諭吉
津田梅子
織田信長
西郷隆盛
本田宗一郎
空海
伊能忠敬
新島八重
カッコよさって生《い》き方《かた》だから
自分《じぶん》のなりたい職業《しょくぎょう》と関係《かんけい》ない人《ひと》の伝記《でんき》でもいいよ!

小学生《しょうがくせい》におすすめの伝記《でんき》

良寛《りょうかん》

（1758年《ねん》～1831年《ねん》）

江戸末期《えどまっき》の越後《えちご》（現《げん》・新潟県《にいがたけん》）で、名主《なぬし》の家《いえ》に生《う》まれた良寛《りょうかん》でしたが、18歳《さい》で出家《しゅっけ》して僧侶《そうりょ》になります。諸国行脚《しょこくあんぎゃ》の後《のち》、39歳《さい》のとき、故郷《こきょう》の越後《えちご》に戻《もど》りますが、生涯《しょうがい》を通《とお》して寺《てら》を持《も》つことはありませんでした。粗末《そまつ》な草庵《そうあん》に住《す》み、※托鉢《たくはつ》をし、子《こ》どもと遊《あそ》び、詩《し》や書《しょ》を書《か》いて暮《く》らします。無欲《むよく》で、自然《しぜん》を愛《あい》し、子《こ》どもたちを愛《あい》し、多《おお》くの人《ひと》に愛《あい》された良寛《りょうかん》でした。

ナポレオン・ボナパルト

（1769年《ねん》～1821年《ねん》）

一軍人《いちぐんじん》から、フランス皇帝《こうてい》へと上《のぼ》りつめたナポレオンは、英雄《えいゆう》として称《たた》えられています。とにかく強《つよ》く、ひとたび軍《ぐん》を率《ひき》いて戦《たたか》えば、ヨーロッパの大半《たいはん》を支配下《しはいか》におくほどで、その勢《いきお》いは群《ぐん》を抜《ぬ》くものでした。また、軍事《ぐんじ》のほか、政治《せいじ》や法律《ほうりつ》にも手腕《しゅわん》を発揮《はっき》し、ヨーロッパのさまざまな制度《せいど》に影響《えいきょう》を与《あた》えました。しかし、隆盛期《りゅうせいき》は短《みじか》く、最後《さいご》は孤島《ことう》に流《なが》されて生涯《しょうがい》を終《お》えました。

アルフレッド・ノーベル

（1833年《ねん》～1896年《ねん》）

爆薬《ばくやく》の研究《けんきゅう》をしていたノーベルは、危険《きけん》なニトログリセリンを改良《かいりょう》し、ダイナマイトの開発《かいはつ》に成功《せいこう》。ダイナマイトは土木工事《どぼくこうじ》に欠《か》かせないものとなり、莫大《ばくだい》な財産《ざいさん》を築《きず》きました。しかし、武器《ぶき》としても使《つか》われ、多《おお》くの命《いのち》が犠牲《ぎせい》になっていることを悲《かな》しんだ彼《かれ》は、「人類《じんるい》に貢献《こうけん》した人《ひと》びとに資産《しさん》を捧《ささ》げる」と遺言《ゆいごん》を残《のこ》します。それが、ノーベル賞《しょう》の始《はじ》まりです。

トーマス・エジソン

（1847年《ねん》～1931年《ねん》）

アメリカ人《じん》の発明王《はつめいおう》エジソンの名前《なまえ》を知《し》らない人《ひと》はいないでしょう。白熱電球《はくねつでんきゅう》を始《はじ》めとする発明《はつめい》の数々《かずかず》は、現代文明《げんだいぶんめい》の発展《はってん》に多《おお》くの功績《こうせき》を残《のこ》しています。しかし、エジソンは立派《りっぱ》な学校《がっこう》を出《で》ているわけでも、学位《がくい》があるわけでもありません。生《う》まれながらの好奇心《こうきしん》と、たゆまぬ努力《どりょく》で身《み》につけた知識《ちしき》、そして才能《さいのう》で、さまざまな発明品《はつめいひん》を作《つく》り出《だ》していったのです。

※僧侶《そうりょ》が鉢《はち》を持《も》って家々《いえいえ》を回《まわ》り、経文《きょうもん》を唱《とな》えて食料《しょくりょう》やお金《かね》の施《ほどこ》しを受《う》ける修行《しゅぎょう》。

アルベルト・シュバイツァー

（1875年《ねん》～1965年《ねん》）

シュバイツァーは、神学《しんがく》者《しゃ》、哲学者《てつがくしゃ》、音楽家《おんがくか》、医師《いし》とさまざまな分野《ぶんや》で活躍《かつやく》した人《ひと》です。裕福《ゆうふく》な牧師《ぼくし》の家《いえ》の生《う》まれで、いわゆる〝お坊《ぼっ》ちゃん〟だったにもかかわらず、自分《じぶん》だけが恵《めぐ》まれていることに疑問《ぎもん》を感《かん》じ、あらゆる人《ひと》の平等《びょうどう》を願《ねが》い、世《よ》の中《なか》に尽《つ》くすことを使命《しめい》として活動《かつどう》します。アフリカの赤道直下《せきどうちょっか》の国《くに》ガボンで、住民《じゅうみん》のための医療《いりょう》に生涯《しょうがい》を捧《ささ》げました。

野《の》口《ぐち》英《ひで》世《よ》

（1876年《ねん》～1928年《ねん》）

福島県猪苗代《ふくしまけんいなわしろ》で生《う》まれた野口英世《のぐちひでよ》は、1歳半《さいはん》のときに、左手《ひだりて》に大《おお》やけどを負《お》いました。しかし、先生《せんせい》や友《とも》だち、家族《かぞく》のおかげでその苦難《くなん》を克服《こくふく》。やがて、医学《いがく》の道《みち》を志《こころざ》し、アメリカの研究所《けんきゅうじょ》で細菌学《さいきんがく》の研究者《けんきゅうしゃ》となります。ノーベル賞候補《しょうこうほ》にもあがるほどの活躍《かつやく》をしましたが、1928年《ねん》、西《にし》アフリカのアクラ（現《げん》・ガーナ共和国《きょうわこく》）で黄熱病《おうねつびょう》の研究中《けんきゅうちゅう》に感染《かんせん》し、51歳《さい》で亡《な》くなりました。

ヘレン・ケラー

（1880年《ねん》～1968年《ねん》）

ヘレン・ケラーは、幼《おさな》いころの高熱《こうねつ》がもとで、視《し》覚《かく》、聴覚《ちょうかく》、発声《はっせい》の3つを奪《うば》われます。そのため、ヘレンはしつけも受《う》けられず、わがままにふるまうことしかできませんでした。しかし、家庭教師《かていきょうし》のアン・サリヴァンとの出会《であ》いが奇跡《きせき》を生《う》み、〝言葉《ことば》〟を覚《おぼ》えます。そして、自《みずか》らも障害者《しょうがいしゃ》でありながら、障害者《しょうがいしゃ》の教育《きょういく》や福祉《ふくし》の発展《はってん》に一生《いっしょう》を捧《ささ》げる「奇跡《きせき》の人《ひと》」となったのです。

マザー・テレサ

（1910年《ねん》～1997年《ねん》）

裕福《ゆうふく》で信仰心《しんこうしん》にあつい家《か》庭《てい》で育《そだ》ったテレサは、子《こ》どものころから修道女《しゅうどうじょ》になりたいと思《おも》っていました。上《じょう》流階級《りゅうかいきゅう》の子女《しじょ》たちの教育《きょういく》をしながらも、貧《まず》しい人《ひと》たちにつくすことを考《かんが》えていたテレサは、修道会《しゅうどうかい》を設立《せつりつ》し、餓《う》えた人《ひと》や病気《びょうき》の人《ひと》たちのための活動《かつどう》を始《はじ》めます。やがて、活動《かつどう》は世界規模《せかいきぼ》となり、その功績《こうせき》がみとめられ、ノーベル平和賞《へいわしょう》を受賞《じゅしょう》しました。

いろいろ読《よ》んだけど…
どの人《ひと》もカッコイイ!
おもしろいね!!
あこがれる人《ひと》が多《おお》いほど、カッコよくなれるから、たくさん読《よ》むといいよ!
オレ、『マザー・テレサ』読《よ》んで感動《かんどう》したから
マザー・テレサ
次《つぎ》は『ファザー・テレサ』を読《よ》もう!
そんな人《ひと》はいなーい!!
マジで?

齋藤先生《さいとうせんせい》からのメッセージ

カッコイイの第《だい》一《いっ》歩《ぽ》は、あこがれの人《ひと》を見《み》つけること！

きみには今《いま》、「カッコイイ！」とあこがれている人《ひと》はいるかな？　姿《すがた》形《かたち》や職業《しょくぎょう》の話《はなし》ではなく、考《かんが》え方《かた》や生《い》き方《かた》での話《はなし》だよ。あこがれの人《ひと》を見《み》つけたってことは、きみに「その人《ひと》に近《ちか》づきたい」という意識《いしき》が生《う》まれたわけだから、それだけでカッコよくなれる素質《そしつ》は十分《じゅうぶん》だ。

まだあこがれの人《ひと》がいないなら、いろいろな偉人《いじん》の伝記《でんき》を読《よ》んで、あこがれの人《ひと》を見《み》つけてみよう。あこがれの人《ひと》が多《おお》ければ多《おお》いほど、きみもカッコよくなれる可能性《かのうせい》が高《たか》いといえるぞ。

あこがれているとき自分《じぶん》を好《す》きになれる

寝《ね》る前《まえ》に長友選手《ながともせんしゅ》の本《ほん》を読《よ》んでたから夢《ゆめ》で見《み》てるんだ…
日本男児
長友佑都
ハーイ!
キラリンで夢《ゆめ》に出てきてんじゃん!
長友《ながとも》選手《せんしゅ》のどういうところがよかった?
長友選手《ながともせんしゅ》って、体《からだ》が小《ちい》さくて大学時代《だいがくじだい》は2年生《ねんせい》まで控《ひか》えだったのに
努力《どりょく》を重《かさ》ねて日本代表《にほんだいひょう》になって、海外《かいがい》でも活躍《かつやく》してすごいなーと…
いやーありがとう!
あこがれの人《ひと》は目標《もくひょう》!!
生《い》き方《かた》のお手本《てほん》にすればいいんだ!

あこがれには「畏敬《いけい》の念《ねん》」がある
畏敬《いけい》の念《ねん》？
うん、おそれを感《かん》じさせるほど尊敬《そんけい》する気持《きも》ちのことだね
日本代表《にほんだいひょう》
お手本《てほん》ができると生《い》き方《かた》に迷《まよ》いがなくなる！
今《いま》ははるか高《たか》いところにいるように思《おも》えるかもしれないけど
行《い》けるかな〜
そこを目指《めざ》して全力《ぜんりょく》をつくすことで、少《すこ》しずつ近《ちか》づける！
目標《もくひょう》を見失《みうしな》ったとき人《ひと》はつまずく！でも、目標《もくひょう》さえはっきりしていれば大丈夫《だいじょうぶ》！
SOUTA 0

ピピ〜
はっ、夢《ゆめ》の中《なか》で試合《しあい》が始《はじ》まった!
ワーワー
目標《もくひょう》に向《む》かっているとき人《ひと》は自分《じぶん》を好《す》きになれるんだ!!
オレ、今《いま》カッコイイ!?
そうだ行《い》け!!
長友《ながとも》選手《せんしゅ》から絶好《ぜっこう》のセンタリングが!!
ソウタたのむ!
SOUTA
やるしかない!!

バイシクルシュート!!
パ
うおーーっ夢《ゆめ》の中《なか》ならこんなカッコイイこともできる!!
ドテーン
すごくヘンなかっこうでベッドから転《ころ》がり落《お》ちたけど、大丈夫《だいじょうぶ》!?
だ、だいじょーぶです…
ウ〜〜

…っていう夢《ゆめ》を見《み》たわけよ
なんだよ、夢《ゆめ》か
ダハハハ
まあ、夢《ゆめ》の中《なか》の話《はなし》だから、現実《げんじつ》はどうせムリ…
って前《まえ》は思《おも》っていたけど…
今《いま》はちがう！
ひょっとしたらオレにもできるかもしれない！
すっく
おおーっ ちょっとカッコイイ!!

そう！
最初《さいしょ》から努力《どりょく》もせずに
あきらめるのが
一番《いちばん》カッコ悪《わる》い！
どうせ
ガシッ
だから
「どうせ」は
使《つか》っちゃダメ！
それと
もう1つ、
「何《なに》も思《おも》い
つかない」も
最悪《さいあく》の言葉《ことば》
そんなこと
言《い》うのは
考《かん》えることから
逃《に》げている印《しるし》
どりゃっ!!
何《なに》も
思《おも》いつか
ない
だから両方《りょうほう》
まとめて
ゴミ箱《ばこ》に
ポイ！
パコーン
ストン
ゴミ箱
みごとな
フリーキック!!

将来《しょうらい》、サッカー日本代表《にほんだいひょう》になるために、まずは今《いま》のチームでレギュラーになる!!
あきらめず、努力《どりょく》をしてみるよ!!
いいね!
そうやって逃《に》げずに努力《どりょく》を続《つづ》けていると、さらに努力《どりょく》しやすくなるよ
どうゆーこと?

努力《どりょく》を続《つづ》けていると自分《じぶん》の変化《へんか》がわかるんだ
きみも経験《けいけん》あるはず!!
リフティング目標《もくひょう》30回《かい》!
ポーンポーン
この前《まえ》できなかったことが今度《こんど》はできそうだ!
50回《かい》できた!
ポンポン
この前《まえ》まで苦労《くろう》してきたことが、今日《きょう》はそうでもない
コツがわかってきた!
確《たし》かに…
哲学者《てつがくしゃ》のニーチェは日々《ひび》、過去《かこ》の自分《じぶん》を乗《の》りこえていく人《ひと》を「超人《ちょうじん》」と呼《よ》んでいるよ!
超人《ちょうじん》ってなんかカッコイイ!!
超
そういうのじゃないよ!

ニーチェの考《かんが》える「超人《ちょうじん》」

ニーチェは著作《ちょさく》『ツァラトゥストラはかく語《かた》りき』の中《なか》で、こう言《い》っている。「超人《ちょうじん》とは、生《い》きる喜《よろこ》びをとことん最大限《さいだいげん》まで実現《じつげん》した人《ひと》のことだ」と。

うらみ、ねたみといった感《かん》情《じょう》を持《も》たず、少《すこ》しくらい嫌《いや》なことがあっても、すぐに忘《わす》れてしまう。また、古《ふる》い価値観《かちかん》にとらわれず、常《つね》に創造的《そうぞうてき》なパワーにあふれている。そのような人《ひと》こそ、超人《ちょうじん》と呼《よ》ぶにふさわしい。

自分《じぶん》という人生《じんせい》が、何度《なんど》も何度《なんど》も永遠《えいえん》に繰《く》り返《かえ》されるという思想《しそう》。これを「永遠回帰《えいえんかいき》」と呼《よ》び、それを理《り》解《かい》し受《う》け入《い》れることで、超人《ちょうじん》となる。たとえ、どんなに最悪《さいあく》な人生《じんせい》であったとしても、すべてを運命《うんめい》として受《う》け入《い》れる。それこそが、超人《ちょうじん》なのだ。

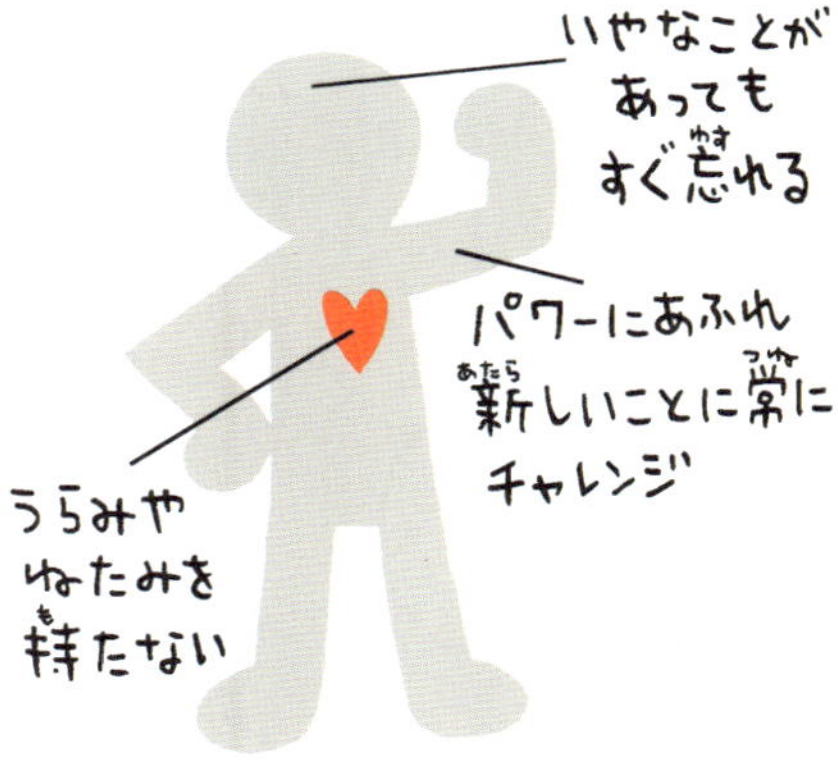
いやなことがあってもすぐ忘《わす》れる
パワーにあふれ新《あたら》しいことに常《つね》にチャレンジ
うらみやねたみを持《も》たない

フリードリヒ・ニーチェ
（1844年《ねん》～1900年《ねん》）

ドイツの哲学者《てつがくしゃ》。キリスト教《きょう》をもとにした、西洋文明《せいようぶんめい》のあり方《かた》を批判《ひはん》。「永遠回帰《えいえんかいき》」や「超《ちょう》人《じん》」といった思想《しそう》を唱《とな》え、生《い》きることの新《あら》たな意味《いみ》を追求《ついきゅう》し続《つづ》けた。著作《ちょさく》に、『ツァラトゥストラはかく語《かた》りき』『権力《けんりょく》への意志《いし》』などがある。

チャレンジすれば
失敗《しっぱい》もある。
努力《どりょく》が報《むく》われない
こともある――
ズルズル
あれれ!?
ゴロゴロ
うわー
ゴロゴロ
また チャレンジだ!!
でも 気《き》にしない! だれにでも あることだし
それが「超人《ちょうじん》」の考《かんが》え方《かた》
超人《ちょうじん》の話《はなし》に
超《ちょう》ジーンとしたらしいです
ガク

齋藤先生《さいとうせんせい》からの メッセージ

あこがれの気持《きも》ちが目標《もくひょう》に。自分《じぶん》を好《す》きになる人生《じんせい》を送《おく》ろう！

あこがれの気持《きも》ちを持《も》つと、自分《じぶん》の目標《もくひょう》が明確《めいかく》になる。あこがれは畏《い》敬《けい》の念《ねん》であり、パワーの源《みなもと》なんだ。目標《もくひょう》が定《さだ》まると、人《ひと》は自分《じぶん》の生《い》き方《かた》に迷《まよ》いがなくなって、自分《じぶん》を見失《みうしな》うこともなくなるんだよ。

今《いま》はまだ、その目標《もくひょう》に、はるかにおよばないとしても、行動《こうどう》を起《お》こし、努力《どりょく》することが大事《だいじ》だ。小《ちい》さなことでも1つ1つ乗《の》りこえて進《すす》んでいこう。そんな人生《じんせい》は楽《たの》しいし、そんな生《い》き方《かた》をしているきみはカッコイイ。

そして、きっときみは、そんな自分自身《じぶんじしん》を好《す》きになるはずだ。

自分《じぶん》を知《し》れば自信《じしん》が持《も》てるようになる!

アラタは※IT《アイティー》企業《きぎょう》の社長《しゃちょう》を目指《めざ》すんだよな
そうだよ
目標《もくひょう》はスティーブ・ジョブズ
小《ちい》さいころから家《いえ》のパソコンで遊《あそ》んでたから、今《いま》はかんたんなゲームのプログラミングとかできるし、将来《しょうらい》もそんな仕事《しごと》がしたいんだ
ムカー
アラタはゲームだけはオレより強《つよ》いもんな!
だけはってなんだよ
やんのかコラ!
ボカボカ
またか…

※コンピューターやインターネットを活用《かつよう》して事業《じぎょう》を行《おこな》う会社《かいしゃ》。IT《アイティー》は「情報技術《じょうほうぎじゅつ》」という意味《いみ》。

確《たし》かに自信《じしん》の持《も》てることや得意《とくい》なことで目標《もくひょう》を立《た》てると
努力《どりょく》もしやすいし進歩《しんぽ》もしやすいよね!!
…って聞《き》いてる?
ハイ
ウリャー
きいてます…技《わざ》が…
ピク
ピク
この前《まえ》、話《はな》した『孫子《そんし》』(38ページ)にも、自分《じぶん》のことをよく知《し》っておくと勝《か》ちやすいと書《か》いてあるよ!!
そうなんだ!!
ゼェゼェ

「彼《かれ》を知《し》り己《おのれ》を知《し》れば、百戦《ひゃくせん》して殆《あや》うからず」という言葉《ことば》だよ
なんの話《はなし》してるの？
リン！
勝負《しょうぶ》に勝《か》つには自分《じぶん》を知《し》ることが大事《だいじ》だって…
なるほどね！
リンは…パティシエを目指《めざ》すならもうちょっと自分《じぶん》を知《し》ったほうが…
ムカッ
お前《まえ》を料理《りょうり》してやろうかー！
まてぇ〜
うわーたすけて〜!!
ホホホ

彼《かれ》を知《し》り己《おのれ》を知《し》れば、百戦《ひゃくせん》して殆《あや》うからず

　この言葉《ことば》が収《おさ》められた『孫《そん》子《し》』という書物《しょもつ》は、古代中国《こだいちゅうごく》の兵法書《へいほうしょ》で、戦《いくさ》に勝《か》つための戦術《せんじゅつ》や心構《こころがま》えなどをまとめたものだ。作者《さくしゃ》は38ページでも紹介《しょうかい》した、兵法家《へいほうか》の孫武《そんぶ》。「彼《かれ》を知《し》り己《おのれ》を知《し》れば、百戦《ひゃくせん》して殆《あや》うからず」は、『孫子《そんし》』に登場《とうじょう》するとても有名《ゆうめい》な言葉《ことば》で、「敵《てき》と味方《みかた》の情勢《じょうせい》をよく知《し》っていれば、たとえ１００回戦《かいたたか》ったとしても敗《やぶ》れることはない」という意味《いみ》だ。

　孫武《そんぶ》は、戦《いくさ》では自分《じぶん》が戦《たたか》う相手《あいて》と、自分自身《じぶんじしん》をよく見《み》つめ、両方《りょうほう》を客観的《きゃっかんてき》に分析《ぶんせき》することが重要《じゅうよう》だと説《と》いている。敵《てき》だけでなく、自分自身《じぶんじしん》に勝《か》つためのひけつということだね。『孫子《そんし》』に書《か》かれた考《かんが》え方《かた》は、時《とき》をこえて受《う》けつがれ、現代《げんだい》にもいかされている。そして、軍事研究《ぐんじけんきゅう》や兵法以外《へいほういがい》にも、競争《きょうそう》に打《う》ち勝《か》つ方法《ほうほう》や人間《にんげん》を理解《りかい》する方法《ほうほう》など、さまざまな場面《ばめん》に応用《おうよう》されているんだ。

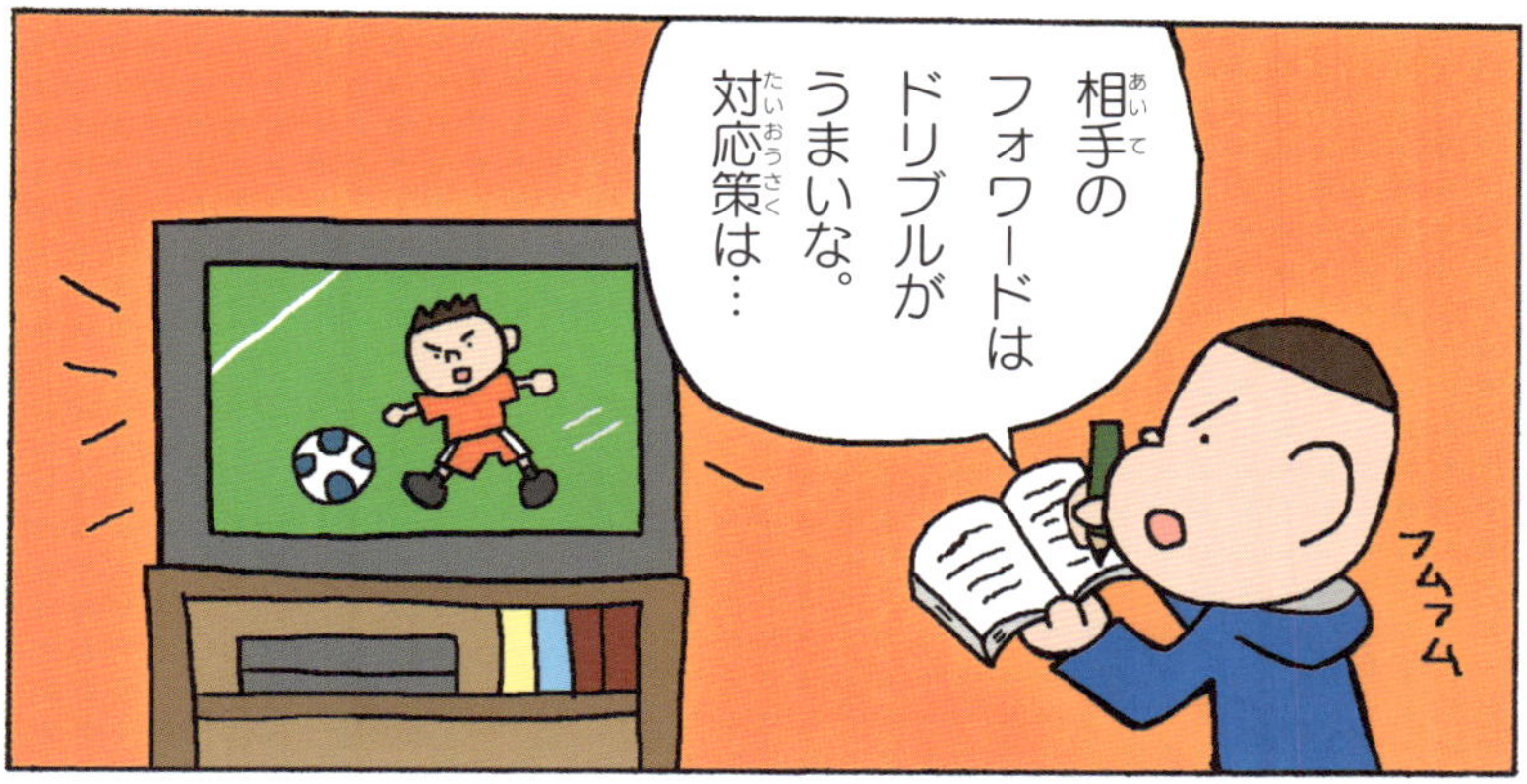
相手《あいて》のフォワードはドリブルがうまいな。対応策《たいおうさく》は…
フムフム

自分《じぶん》を客観視《きゃっかんし》してみよう！

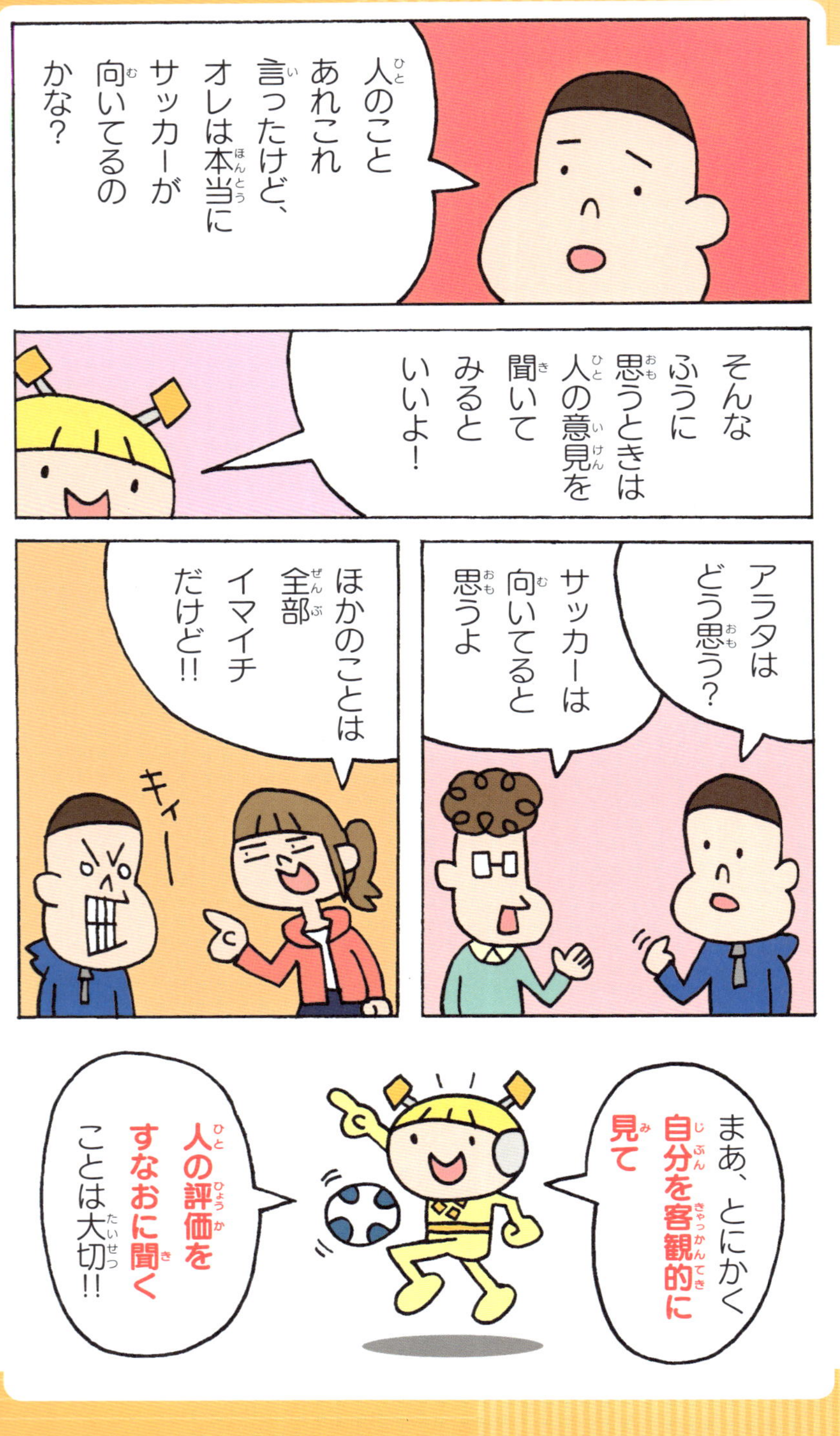

仮《かり》に向《む》いていないと言《い》われたとしても好《す》きな気持《きも》ちが強《つよ》いならやればいいよ
好《す》きで努力《どりょく》していつのまにか大得意《だいとくい》になる例《れい》は、いくらでもあるからねー
リン、よかったねぇ〜
キィー
ウヒヒー
好《す》きなことや得意《とくい》なことが見《み》つからなかったらいろいろやってみるといい

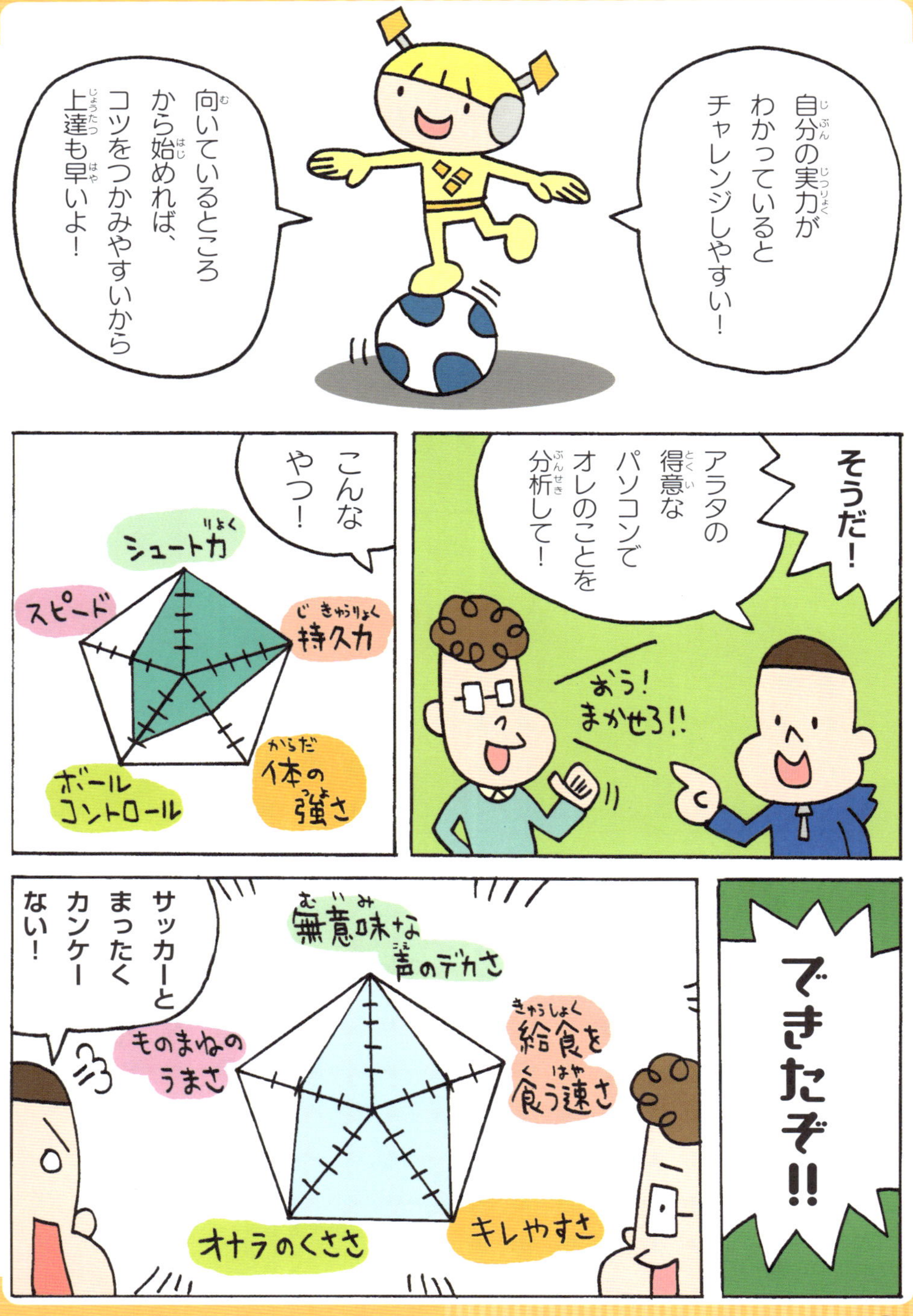
自分《じぶん》の実力《じつりょく》がわかっているとチャレンジしやすい！
向《む》いているところから始《はじ》めれば、コツをつかみやすいから上達《じょうたつ》も早《はや》いよ！
そうだ！
アラタの得意《とくい》なパソコンでオレのことを分析《ぶんせき》して！
おう！まかせろ!!
こんなやつ！
シュート力《りょく》
スピード
持久力《じきゅうりょく》
ボールコントロール
体《からだ》の強《つよ》さ
できたぞ!!
サッカーとまったくカンケーない！
無意味《むいみ》な声《こえ》のデカさ
給食《きゅうしょく》を食《く》う速《はや》さ
ものまねのうまさ
オナラのくささ
キレやすさ

自分《じぶん》を客観的《きゃっかんてき》に見《み》ることで、明確《めいかく》な目標《もくひょう》を立《た》てることができる

あこがれに向《む》かって進《すす》むにしても、自分自身《じぶんじしん》を客観的《きゃっかんてき》に知《し》っておくことは大事《だいじ》だね。1つ1つの目標《もくひょう》を立《た》てやすくなるし、その目標《もくひょう》を乗《の》りこえやすくなる。目標《もくひょう》を乗《の》りこえれば、さらに自信《じしん》もつくからね。

仲《なか》のよい友《とも》だちがいるなら、きみは何《なに》が得意《とくい》で何《なに》がイマイチなのか、正直《しょうじき》に言《い》ってもらうといい。得意《とくい》なところから始《はじ》めて努力《どりょく》をすれば、効果《こうか》も出《で》やすいからね。もちろん、得意《とくい》でなくても自分《じぶん》の好《す》きなことなら、それに向《む》かっていくのも悪《わる》くない。そう、「好《す》きこそものの上手《じょうず》なれ」だ。

信念《しんねん》を強《つよ》く持《も》って進《すす》もう！

自分《じぶん》の「信念《しんねん》」を文字《もじ》にして、見《み》えるところにはっておくといいかも！
感謝
根性
努力
継続は力なり
誠実
初志貫徹
真善美
挑戦
シンネンあけましておめでとうございます！
ペコッ
そのシンネンじゃないよ!!
人《ひと》って言葉《ことば》でものを考《かんが》えるから、**言葉《ことば》の影響力《えいきょうりょく》**は大《おお》きいんだ！はってある言葉《ことば》をいつも見《み》ていることでいつのまにか心《こころ》に強《つよ》く刻《きざ》まれるよ!!
あきらめない！
NOTE

信念《しんねん》をかかげて成功《せいこう》した偉人《いじん》がインドのガンジーだよ!!
「非暴力《ひぼうりょく》・不服従《ふふくじゅう》」をインド人共通《じんきょうつう》の信念《しんねん》としてインドを独立《どくりつ》に導《みちび》いたんだ!!
India
非暴力《ひぼうりょく》・不服従《ふふくじゅう》かーずいぶんむずかしい漢字《かんじ》使《つか》うなー
さすがカンジー
ガンジーな!

覚《おぼ》えておきたい偉人《いじん》の信念《しんねん》

非暴力《ひぼうりょく》・不服従《ふふくじゅう》

弁護士《べんごし》になって南《みなみ》アフリカへ渡《わた》ったガンジーは、白人優位《はくじんゆうい》の強烈《きょうれつ》な人種差別《じんしゅさべつ》を経験《けいけん》して、人種差別《じんしゅさべつ》をなくす運動《うんどう》に参加《さんか》。インドに帰《かえ》ってからは、イギリスからの独立《どくりつ》を目指《めざ》した。

ガンジーは、武力《ぶりょく》を用《もち》いないが、力《ちから》には服従《ふくじゅう》しない「非暴力《ひぼうりょく》・不《ふ》服従《ふくじゅう》」を訴《うった》えた。言葉《ことば》にするのはかんたんだけど、これを実行《じっこう》するには勇気《ゆうき》と根性《こんじょう》が必要《ひつよう》だ。

実際《じっさい》、ガンジーはイギリスに支配《しはい》されたインド政府《せいふ》によって、独立運動《どくりつうんどう》で民衆《みんしゅう》を率《ひき》いた罪《つみ》で、何度《なんど》も牢獄《ろうごく》に入《い》れられている。でも、「非暴力《ひぼうりょく》は人間《にんげん》に与《あた》えられた最大《さいだい》の武器《ぶき》であり、人間《にんげん》が発明《はつめい》した最強《さいきょう》の武器《ぶき》よりも強《つよ》い力《ちから》を持《も》つ」という信念《しんねん》を失《うしな》わず、民衆《みんしゅう》をインド独立《どくりつ》に導《みちび》いた。

第二次世界大戦《だいにじせかいたいせん》の後《あと》、インドはついにイギリスから独立《どくりつ》した。でも、国内《こくない》での宗教対立《しゅうきょうたいりつ》がもとで、うらまれるようになったガンジーは、過激派《かげきは》の人《ひと》たちに暗殺《あんさつ》されてしまったんだ。

マハトマ・ガンジー

（1869年《ねん》〜1948年《ねん》）

インドの民族運動指導者《みんぞくうんどうしどうしゃ》、思《し》想家《そうか》、政治家《せいじか》。イギリス統治《とうち》のインドで、「非暴力《ひぼうりょく》・不服従主《ふふくじゅうしゅ》義《ぎ》」を貫《つらぬ》き通《とお》して独立《どくりつ》を勝《か》ち取《と》った指導者《しどうしゃ》。「インド独立《どくりつ》の父《ちち》」と呼《よ》ばれている。名前《なまえ》につけられた〝マハトマ〟は、「偉《い》大《だい》なる魂《たましい》」という意味《いみ》で尊敬《そんけい》が込《こ》められている。

あとは孔子《こうし》（25ページ）の「己《おのれ》の欲《ほっ》せざる所《ところ》は人《ひと》に施《ほどこ》すなかれ」っていう言葉《ことば》もいいよね！

どういう意味《いみ》？

「自分《じぶん》がされて嫌《いや》なことは人《ひと》にはするな」という意味《いみ》だよ
かんたんそうでむずかしいことかもね！

確《たし》かに…

福沢諭吉《ふくざわゆきち》は「喜怒色《きどいろ》にあらわさず」という言葉《ことば》を一生《いっしょう》の信念《しんねん》にしたというし―

きみたちも自分《じぶん》の信念《しんねん》を言葉《ことば》にしてみよう!!

覚《おぼ》えておきたい偉人《いじん》の信念《しんねん》

喜《き》怒《ど》色《いろ》にあらわさず

福沢諭吉《ふくざわゆきち》は、自叙伝《じじょでん》の『福《ふく》翁自伝《おうじでん》』の中《なか》で、この言葉《ことば》に出合《であ》ったとき一生《いっしょう》の教《おし》えとして肝《きも》に銘《めい》じた、と言《い》っている。

「喜怒色《きどいろ》にあらわさず」とは、どんなにうれしいことがあっても、また、どんなに腹《はら》の立《た》つことがあっても、気《き》にもとめないで、顔色《かおいろ》を変《か》えずにいる、という意味《いみ》だ。

だれがどんなに自分《じぶん》をほめてくれても、決《けっ》して喜《よろこ》ばない。どう軽蔑《けいべつ》されても、どんなことがあっても決《けっ》して怒《おこ》らない。けんかをすることもない。だれとも議論《ぎろん》をすることもない。相手《あいて》に深《ふか》く立《た》ち入《い》ることは決《けっ》してしない。ないないずくしのようだけれど、裏《うら》を返《かえ》せば、どんなことでも全部《ぜんぶ》、わが身《み》に受《う》けてやろうという心意気《こころいき》を表《あらわ》していたんだね。

自分《じぶん》を信《しん》じ、その一生《いっしょう》を通《とお》して、努力《どりょく》することをやめなかった福沢諭吉《ふくざわゆきち》の信念《しんねん》。それが、この言葉《ことば》に込《こ》められているんだ。

福沢諭吉《ふくざわゆきち》（1835年《ねん》〜1901年《ねん》）

大坂《おおさか》（現《げん》・大阪《おおさか》）生《う》まれ。豊《ぶ》前国《ぜんのくに》（今《いま》の福岡県《ふくおかけん》・大分県《おおいたけん》）中《なか》津藩士《つはんし》。大坂《おおさか》で蘭学《らんがく》を学《まな》び、江《え》戸《ど》で蘭学塾《らんがくじゅく》（のちの慶應義塾《けいおうぎじゅく》）を開《ひら》いた。独学《どくがく》で英語《えいご》を勉強《べんきょう》、欧米《おうべい》を視察《しさつ》して、西洋文化《せいようぶんか》を広《ひろ》める。※明治維新《めいじいしん》の後《あと》は、教育《きょういく》と啓蒙活動《けいもうかつどう》に専念《せんねん》した。著書《ちょしょ》に『西洋事情《せいようじじょう》』や『学問《がくもん》のすゝ《すす》め』などがある。

※明治時代《めいじじだい》のはじめに、明治新政府《めいじしんせいふ》が徳川幕《とくがわばく》府《ふ》をたおして、日本《にほん》を近代国家《きんだいこっか》にするため行《おこな》った改革《かいかく》のこと。

そういえば、冬休《ふゆやす》みの宿題《しゅくだい》書《か》き初《ぞ》めだったよね
信念《しんねん》を書《か》いてみようよ！
よし！「一生懸命《いっしょうけんめい》」を信念《しんねん》として書《か》いてみよう
一生
サラ
サラ
これは心《こころ》が入《はい》ってないな～
なんでだよー
ホラ!!
一生縣命
ソウタ
あー「懸《けん》」の字《じ》の心《こころ》が…
トホホ
カッコイイの道《みち》は遠《とお》い…
あーあ

齋《さい》藤《とう》先《せん》生《せい》からの メッセージ

自分《じぶん》の目標《もくひょう》を紙《かみ》に書《か》いてみよう。くり返《かえ》される言葉《ことば》は、信念《しんねん》になる！

言葉《ことば》は大事《だいじ》だよ。言葉《ことば》が目標《もくひょう》を明確《めいかく》にしてくれるんだ。人《ひと》は言葉《ことば》によって支《ささ》えられるものだからね。目標《もくひょう》は言葉《ことば》にして紙《かみ》に書《か》いてみよう。書《か》くことで心《こころ》にしっかり刻《きざ》むことができる。言葉《ことば》を書《か》いた紙《かみ》は、自分《じぶん》の部屋《へや》の壁《かべ》にはっておこう。そうすればいつでも目《め》に入《はい》る。そして読《よ》み上《あ》げるんだ。それを日課《にっか》にするのもいい。マンガでは、ガンジーや福沢諭吉《ふくざわゆきち》を例《れい》にあげたけれど、言葉《ことば》はくり返《かえ》していうちに、やがて信念《しんねん》となる。その信念《しんねん》は、きっと書《か》いたとおりにきみをカッコよくしてくれるぞ。

1コマアドバイス その3

とんでいる矢《や》はカッコイイ!?

矢《や》は止《と》まっているより、**的《まと》めがけてとんでいる**ほうがカッコよく見《み》える。人《ひと》も同《おな》じで、何《なに》かを目指《めざ》して行動《こうどう》しているすがたのほうがカッコイイよね。

「まだ本気《ほんき》出《だ》してないだけ」

←

努力《どりょく》せずに、自分《じぶん》をごまかしている

人《ひと》や環境《かんきょう》のせいにしないで、一歩《いっぽ》でも目標《もくひょう》に近《ちか》づこうと努力《どりょく》して、**前《まえ》を向《む》く姿勢《しせい》**が大切《たいせつ》だよね。それが、**今《いま》の自分《じぶん》を乗《の》りこえる**ってこと。チャレンジしないことが、一番《いちばん》カッコ悪《わる》いよね。

第《だい》4章《しょう》

誇《ほこ》りを大切《たいせつ》に生《い》きる人《ひと》はカッコイイ！

カッコイイとはそういうことだ！

ほかにも車掌《しゃしょう》さん、駅員《えきいん》さん、車両《しゃりょう》をつくる人《ひと》、線路《せんろ》の安全《あんぜん》を確認《かくにん》する人《ひと》、運行《うんこう》ダイヤをつくる人《ひと》、清掃員《せいそういん》さん、車内販売員《しゃないはんばいいん》さん、みどりの窓口《まどぐち》で働《はたら》く人《ひと》…

そっか…

たくさんの人《ひと》たちによって、新幹線《しんかんせん》の安全《あんぜん》は支《ささ》えられている――

そういう無名《むめい》のヒーローもみんなカッコイイとお父《とう》さんは思《おも》うよ！

無名《むめい》のヒーローか…

新幹線《しんかんせん》でお客《きゃく》さんを安全《あんぜん》で快適《かいてき》に目的地《もくてきち》まで運《はこ》ぶために、駅《えき》や列《れっ》車《しゃ》、線路《せんろ》の周《まわ》りなどで、たくさんの人《ひと》が働《はたら》いているよ。あまり知《し》られていない仕事《しごと》もあるけど、どれも欠《か》かせない大切《たいせつ》な仕事《しごと》なんだ。

駅長《えきちょう》・駅員《えきいん》

駅長《えきちょう》は、駅《えき》すべての仕事《しごと》の責任者《せきにんしゃ》。駅員《えきいん》は、お客《きゃく》さんの応対《おうたい》やホームで乗《の》り降《お》りの確認《かくにん》などをする。

売店《ばいてん》で働《はたら》く人《ひと》

駅《えき》のホームなどで、お客《きゃく》さんにお弁当《べんとう》や飲《の》み物《もの》、おみやげなどを売《う》る。

運行管理《うんこうかんり》をする人《ひと》

事故《じこ》を防《ふせ》ぎ、時間通《じかんどお》りに運行《うんこう》するために、列車《れっしゃ》のおくれなどの情報《じょうほう》を集《あつ》めて、運転指令所《うんてんしれいじょ》から運行《うんこう》の指示《しじ》を出《だ》す。

新幹線《しんかんせん》を支《ささ》えるカッコイイ人《ひと》たち

運転士《うんてんし》・車掌《しゃしょう》

運転士《うんてんし》は安全《あんぜん》にお客《きゃく》さんを目的地《もくてきち》まで運《はこ》ぶ。車掌《しゃしょう》は、発車時《はっしゃじ》や停車《ていしゃ》時《じ》の確認《かくにん》などの仕事《しごと》をする。

客室乗務員《きゃくしつじょうむいん》

車内《しゃない》でお客《きゃく》さんの応対《おうたい》をしたり、ワゴン販売《はんばい》をしたりする。

車内《しゃない》の清掃員《せいそういん》

お客《きゃく》さんが車内《しゃない》で快適《かいてき》に過《す》ごせるように、清《せい》潔《けつ》に保《たも》つ。

車両《しゃりょう》や設備《せつび》の点検《てんけん》、整備《せいび》をする人《ひと》

事故《じこ》や故障《こしょう》を防《ふせ》ぐため、車両《しゃりょう》や架線《かせん》、線路《せんろ》、信号《しんごう》などの点検《てんけん》、整備《せいび》をする。

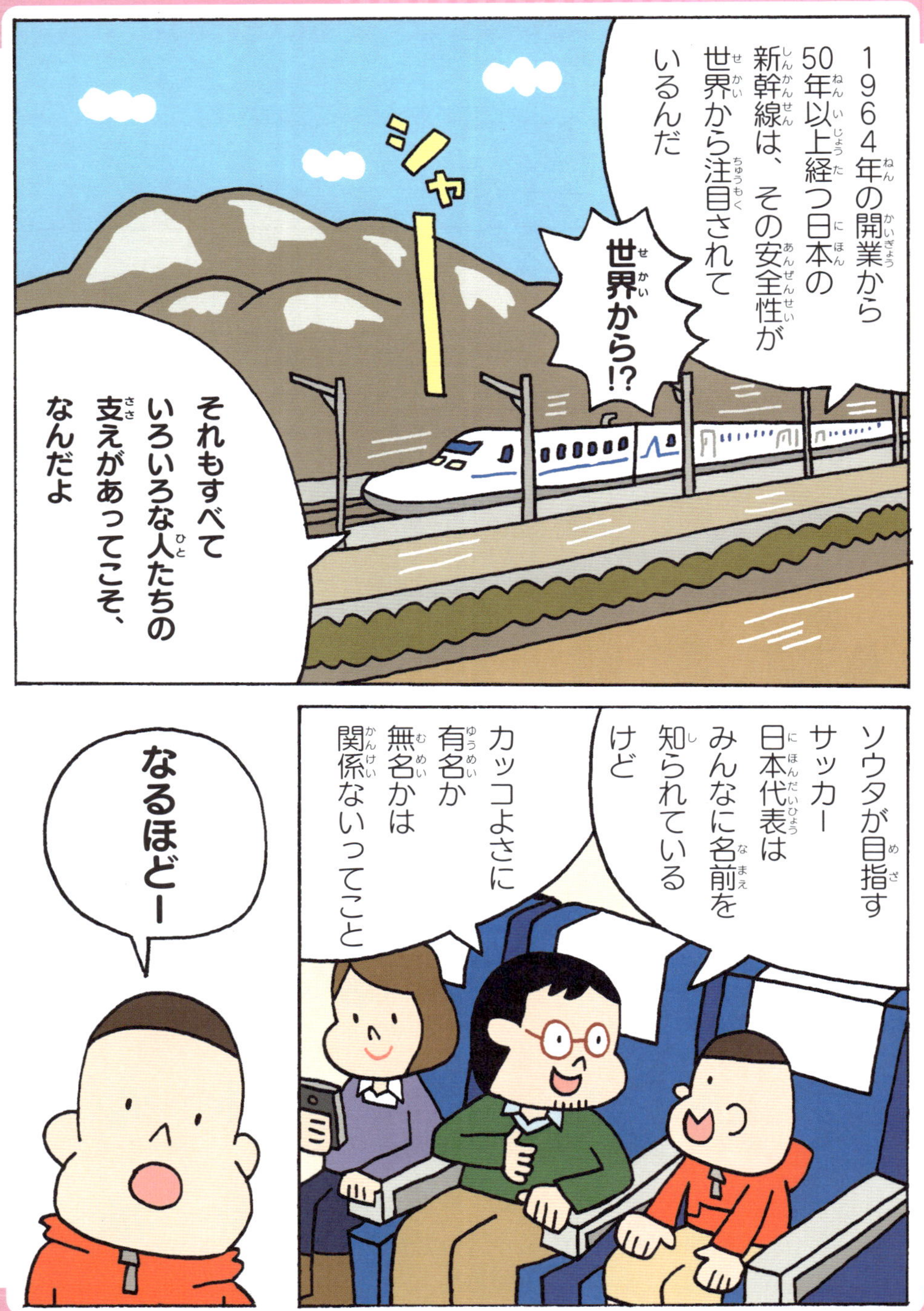
1964年《ねん》の開業《かいぎょう》から50年以上《ねんいじょう》経《た》つ日本《にほん》の新幹線《しんかんせん》は、その安全性《あんぜんせい》が世界《せかい》から注目《ちゅうもく》されているんだ
シャー
世界《せかい》から!?
それもすべていろいろな人《ひと》たちの支《ささ》えがあってこそ、なんだよ
ソウタが目指《めざ》すサッカー日本代表《にほんだいひょう》はみんなに名前《なまえ》を知《し》られているけど
カッコよさに有名《ゆうめい》か無名《むめい》かは関係《かんけい》ないってこと
なるほどー

ヒュウウゥー!ン
京都
着《つ》いた〜

これも新幹線《しんかんせん》を支《ささ》える人《ひと》たちのおかげだね!

そうだね! ミッションをやりとげて、家族《かぞく》や友《とも》だちに自信《じしん》を持《も》って自分《じぶん》のしていることを話《はな》せる人《ひと》はカッコイイと思《おも》うよ!

お前《まえ》にもそういう人《ひと》になってほしいな…

わかったー!

それがおれののぞみなんつって…

のぞみ 5
新幹線《しんかんせん》のぞみだけにね!!

ガク

無《む》名《めい》のヒーローたちが大切《たいせつ》にしていること

じいちゃんも無名《むめい》のヒーローだね
ダハハハ
そんなカッコええもんとちゃうわ
お世辞《せじ》言《い》うてもお年玉《としだま》の額《がく》変《か》わらへんぞ～
ガハハ
いやそういうつもりでは…
じいちゃんは職人《しょくにん》だからな
職人気質《しょくにんかたぎ》やな!!
ヒーローやないけど自分《じぶん》が任《まか》されてる仕事《しごと》や役割《やくわり》をきっちりやりとげようという心意気《こころいき》は持《も》っとるつもりやで…
チョキ
チョキ
へ～

じいちゃんは
仕事《しごと》に
誇《ほこ》りを持《も》っとる
からな!
こだわりを
持《も》ち
仕事《しごと》を
愛《あい》し
苦《くる》しいことがあっても
言《い》いわけしない…
そういう気持《きも》ちで
やっとる
よ!!
職人気質《しょくにんかたぎ》と
誇《ほこ》りかあ…
そういう
話《はなし》をしている
オヤジは
カッコイイよ!
お前《まえ》には
お年玉《としだま》は
やらんぞ
ダハハハハ

お父《とう》さんも植木屋《うえきや》さんになればよかったのに…
ハハハ
お父《とう》さんとお母《かあ》さんは普通《ふつう》の会社員《かいしゃいん》だけど仕事《しごと》に誇《ほこ》りを持《も》ってることは同《おな》じだよ
そういうこと!
そっか
そういうカッコよさもあるんだなー
ゴソゴソ
ドサ
いいところに気《き》づいたね!!
ハーイ
ヒョコ
じいちゃんちまでついてきたの!?
職人気質《しょくにんかたぎ》と誇《ほこ》りを見事《みごと》に表《あらわ》した小説《しょうせつ》、幸田露伴《こうだろはん》の『五重塔《ごじゅうのとう》』を紹介《しょうかい》するよ!

「職人気質《しょくにんかたぎ》」と「誇《ほこ》り」を見事《みごと》にえがいた

『五重塔《ごじゅうのとう》』

大工《だいく》の十兵衛《じゅうべえ》は、腕《うで》はあるが、にぶくてのろまな性格《せいかく》のために、周囲《しゅうい》から「のっそり」と軽《かろ》んじられていた。しかし、谷中感応寺《やなかかんのうじ》の五重塔建立《ごじゅうのとうこんりゅう》の話《はなし》を聞《き》き、なんとしてでも自分《じぶん》の力《ちから》でその仕事《しごと》をやりとげたいと思《おも》っていた。

五重塔《ごじゅうのとう》を造《つく》りたいという一心《いっしん》で、感応寺《かんのうじ》の朗円上人《ろうえんしょうにん》に直訴《じきそ》する十兵衛《じゅうべえ》。だが、その仕事《しごと》は、感応寺《かんのうじ》を造《つく》った棟梁《とうりょう》で、十兵衛《じゅうべえ》の親方《おやかた》でもある源太《げんた》が請《う》け負《お》うことになっていた。

上人《しょうにん》は、源太《げんた》と十兵衛《じゅうべえ》の話《はな》し合《あ》いで決《き》めよと諭《さと》すが、十兵衛《じゅうべえ》は頑《がん》として聞《き》かない。ふたりでやろうという源太《げんた》の申《もう》し出《で》さえ、はねつける十兵衛《じゅうべえ》。源太《げんた》は情《じょう》や義理《ぎり》を尽《つ》くして説得《せっとく》を試《こころ》みるが、十兵衛《じゅうべえ》はうんと言《い》わない。

やがて源太《げんた》は、一切《いっさい》のわだかまりを持《も》たないから、上人《しょうにん》に決《き》めてほしいと願《ねが》い出《で》る。ついに上人《しょうにん》の命《めい》を受《う》けた十兵衛《じゅうべえ》は、五重塔造《ごじゅうのとうづく》りに専念《せんねん》するが、途《と》中《ちゅう》、事《こと》の次第《しだい》をよく思《おも》わない者《もの》に襲《おそ》われることもあった。

五重塔《ごじゅうのとう》は見事《みごと》に完成《かんせい》。ところが、その夜《よる》に大暴風雨《だいぼうふうう》が襲《おそ》い、町《まち》も人《ひと》も、完成《かんせい》したばかりの五重塔《ごじゅうのとう》も危険《きけん》にさらされる。五重塔《ごじゅうのとう》は大丈夫《だいじょうぶ》と、嵐《あらし》の中《なか》でも自分《じぶん》の腕《うで》を信《しん》じ抜《ぬ》く十兵衛《じゅうべえ》。そして、源太《げんた》も十兵衛《じゅうべえ》の腕《うで》を信《しん》じて仕事《しごと》を任《まか》せたのだから、何《なに》かあったらただでは済《す》ませないと、五重塔《ごじゅうのとう》に向《む》かっていた。

嵐《あらし》が去《さ》った後《あと》、びくともせずにそびえる五重塔《ごじゅうのとう》を見《み》た上《しょう》人《にん》は、りっぱな仕事《しごと》をした十《じゅう》兵衛《べえ》と、その仕事《しごと》をゆずった心《こころ》の広《ひろ》い源太《げんた》のふたりを称《たた》えるのだった。

幸田露伴《こうだろはん》

（1867年《ねん》〜1947年《ねん》）

東京《とうきょう》生《う》まれ。逓信省電信修《ていしんしょうでんしんしゅう》技学校卒業《ぎがっこうそつぎょう》。小説家《しょうせつか》、随筆家《ずいひつか》。明治時代《めいじじだい》の文壇《ぶんだん》で、尾崎紅葉《おざきこうよう》とともに〝紅露時代《こうろじだい》〟と呼《よ》ばれる活躍《かつやく》をした。第《だい》1回《かい》の文化勲章《ぶんかくんしょう》を受章《じゅしょう》している。

オレも職人気質《しょくにんかたぎ》の誇《ほこ》り高《たか》い生《い》き方《かた》とかできるかなー
学校《がっこう》の当番《とうばん》とか係《かかり》の仕事《しごと》、家《いえ》の手伝《てつだ》いとか
サッカーチーム内《ない》での役割《やくわり》でも、一度《いちど》引《ひ》き受《う》けたら誇《ほこ》りを持《も》って一生懸命《いっしょうけんめい》やればいいと思《おも》う
なるほどね
まだ誇《ほこ》りについて考《かんが》えてるの?
風呂《ふろ》あがり
ポヨ
お父《とう》さんは誇《ほこ》りよりも
ポッコリ?

齋藤先生《さいとうせんせい》からのメッセージ

「職人気質《しょくにんかたぎ》」と「誇《ほこ》り」を持《も》つ、無名《むめい》のヒーローがカッコイイ！

目立《めだ》つ人《ひと》、みんなに称《たた》えられる人《ひと》、人気《にんき》のある人《ひと》は、確《たし》かにカッコよく見《み》えるかもしれない。でも、カッコイイ人《ひと》はほかにもいる。表舞台《おもてぶたい》に立《た》つ人《ひと》を、かげで支《ささ》えている人《ひと》。この人《ひと》たちも同《おな》じようにカッコイイ。ぼくは、この人《ひと》たちを無名《むめい》のヒーローと呼《よ》んでいる。無名《むめい》のヒーローが共通《きょうつう》して持《も》っているのは、「職人気質《しょくにんかたぎ》」と「誇《ほこ》り」だ。人《ひと》が見《み》ていようがいまいが、完璧《かんぺき》に自分《じぶん》の任務《にんむ》をやりとげるという心意気《こころいき》がカッコイイ。そういう人《ひと》たちのことにも気《き》づいてほしいな。

きみは名《な》を惜《お》しむ生《い》き方《かた》ができてる？

『坂《さか》の上《うえ》の雲《くも》』の主《おも》な登場人物《とうじょうじんぶつ》たち

乃木希典《のぎまれすけ》

(1849年《ねん》〜1912年《ねん》)

明治時代《めいじじだい》の軍人《ぐんじん》。陸《りく》軍大将《ぐんたいしょう》。日露戦争《にちろせんそう》では、旅順要塞《りょじゅんようさい》の攻略《こうりゃく》を指揮《しき》し、苦戦《くせん》の末《すえ》に陥落《かんらく》させた。

児玉源太郎《こだまげんたろう》

(1852年《ねん》〜1906年《ねん》)

明治時代《めいじじだい》の軍人《ぐんじん》。陸《りく》軍大将《ぐんたいしょう》。日清《にっしん》、日露《にちろ》戦争《せんそう》では、参謀《さんぼう》として活躍《かつやく》した。のちに陸軍大臣《りくぐんだいじん》も務《つと》めた。

秋山好古《あきやまよしふる》

(1859年《ねん》〜1930年《ねん》)

明治《めいじ》、大正時代《たいしょうじだい》の軍《ぐん》人《じん》。陸軍大将《りくぐんたいしょう》。騎兵《きへい》を育成《いくせい》して戦術《せんじゅつ》・訓《くん》練《れん》を研究《けんきゅう》し、日清《にっしん》、日露戦争《にちろせんそう》で活躍《かつやく》した。真之《さねゆき》の兄《あに》。

秋山真之《あきやまさねゆき》

(1869年《ねん》〜1918年《ねん》)

明治《めいじ》、大正時代《たいしょうじだい》の軍《ぐん》人《じん》。海軍中将《かいぐんちゅうじょう》。日露《にちろ》戦争《せんそう》で、連合艦隊作《れんごうかんたいさく》戦参謀《せんさんぼう》として海戦《かいせん》を指揮《しき》した。『坂《さか》の上《うえ》の雲《くも》』の主人公《しゅじんこう》。

明治時代《めいじじだい》を生《い》きた登場人物《とうじょうじんぶつ》たちは、こんなふうに考《かんが》えていたんだ―

ひきょうなことは恥《は》ずかしくてできない

言《い》ったことを実行《じっこう》できないなんて不名誉《ふめいよ》なことだ

約束《やくそく》を果《は》たせずに名《な》を汚《けが》すくらいなら死《し》んだほうがましだ

敵《てき》の弱《よわ》みに付《つ》け込《こ》むようなみっともない戦《たたか》いをしたら、ご先《せん》祖様《そさま》に申《もう》し訳《わけ》ない

こうした名誉《めいよ》や誇《ほこ》りを重《おも》んじる生《い》き方《かた》を
キラ
「名《な》を惜《お》しむ生《い》き方《かた》」と言《い》うよ!

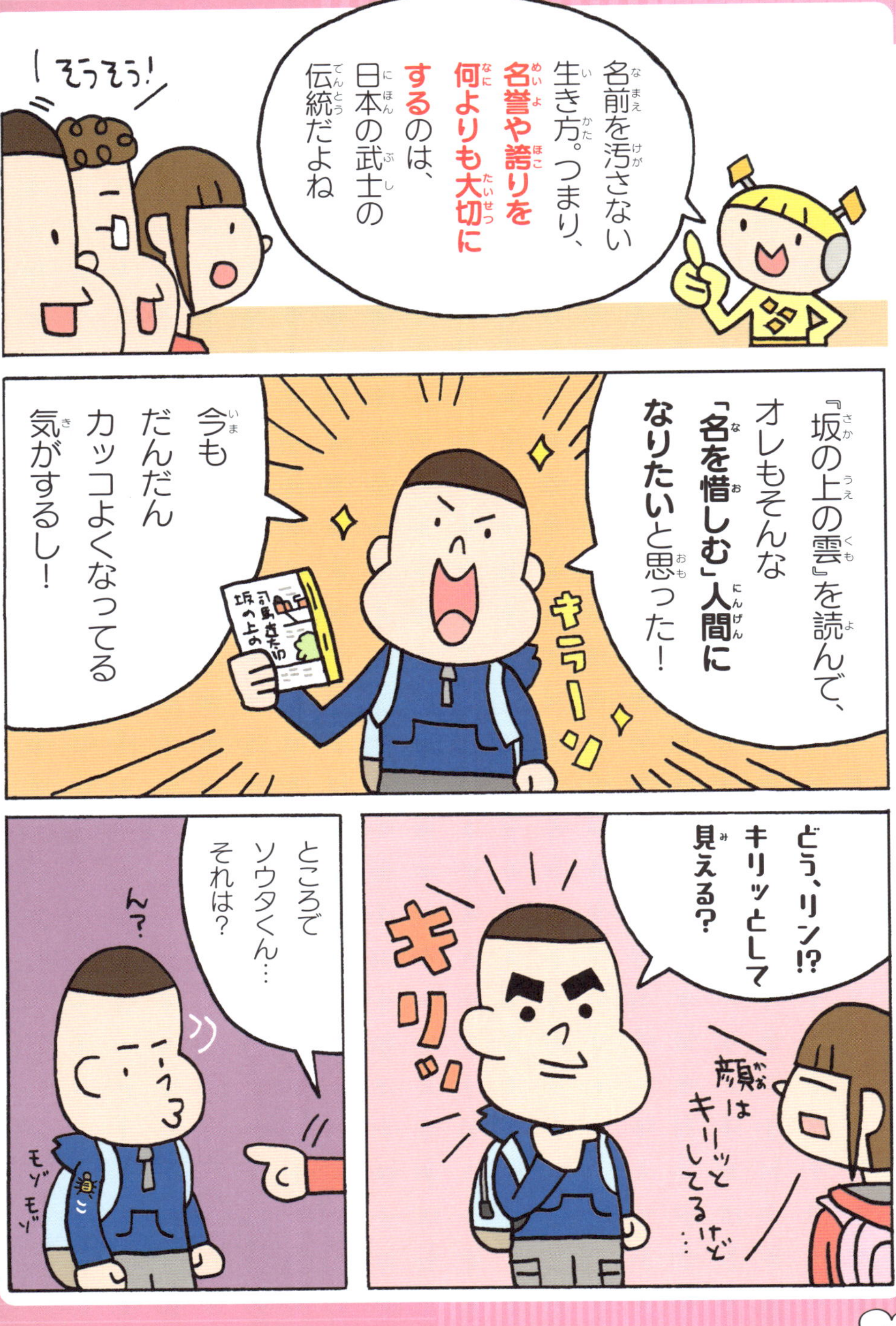
そうそう!
名前《なまえ》を汚《けが》さない生《い》き方《かた》。つまり、名誉《めいよ》や誇《ほこ》りを何《なに》よりも大切《たいせつ》にするのは、日本《にほん》の武士《ぶし》の伝統《でんとう》だよね
『坂《さか》の上《うえ》の雲《くも》』を読《よ》んで、オレもそんな「名《な》を惜《お》しむ」人間《にんげん》になりたいと思《おも》った!
キラーン
坂の上の雲
司馬遼太郎
今《いま》もだんだんカッコよくなってる気《き》がするし!
どう、リン!? キリッとして見《み》える?
キリッ
顔《かお》はキリッとしてるけど…
ところでソウタくん…それは?
ん?
モゾモゾ

司馬遼太郎《しばりょうたろう》のえがく日本人《にほんじん》の生《い》き方《かた》

司馬遼太郎《しばりょうたろう》は、歴史小説《れきししょうせつ》というジャンルの中《なか》で、さまざまな人生《じんせい》を表現《ひょうげん》した。司馬《しば》のえがく人物《じんぶつ》が読《よ》む人《ひと》をひきつけて放《はな》さないのは、彼《かれ》らの生《い》きざまが、日本人《にほんじん》であるわたしたちに多《おお》かれ少《すく》なかれ共感《きょうかん》を持《も》って迎《むか》えられるからだろう。

司馬《しば》の作品《さくひん》『関《せき》ヶ原《はら》』の石田《いしだ》三成《みつなり》や『燃《も》えよ剣《けん》』の土方歳三《ひじかたとしぞう》など、義《ぎ》や信《しん》（人《ひと》としての正義《せいぎ》や誠《まこと》の心《こころ》）に忠実《ちゅうじつ》に生《い》き、敗《やぶ》れ去《さ》った者《もの》たちの心情《しんじょう》は、歴史《れきし》の教科書《きょうかしょ》からは決《けっ》して得《え》られない、熱《あつ》い思《おも》いをもたらしてくれる。

司馬遼太郎《しばりょうたろう》（1923年《ねん》〜1996年《ねん》）

大阪市《おおさかし》生《う》まれ。大阪外国語学校蒙古語部《おおさかがいこくごがっこうもうこごぶ》（現《げん》・大阪大学外国語学部《おおさかだいがくがいこくごがくぶ》）卒業《そつぎょう》。小説家《しょうせつか》。産経新聞社《さんけいしんぶんしゃ》の記者《きしゃ》として在職中《ざいしょくちゅう》に、『梟《ふくろう》の城《しろ》』で直木賞《なおきしょう》を受賞《じゅしょう》。『竜馬《りょうま》がゆく』『国盗《くにと》り物語《ものがたり》』『坂《さか》の上《うえ》の雲《くも》』『菜《な》の花《はな》の沖《おき》』など、幕末《ばくまつ》・明治《めいじ》を扱《あつか》った歴史小説《れきししょうせつ》が多《おお》い。『街道《かいどう》をゆく』『風塵抄《ふうじんしょう》』などの紀行文《きこうぶん》やエッセイもある。

誇《ほこ》りを胸《むね》に生《い》きていこう！

これを読《よ》めば「名《な》を惜《お》しむ」ってことがわかるから!!
ゴソゴソ
貸《か》してやるよ!
?
あ、うん ありがとう
「自分《じぶん》で買《か》いに行《い》けよ!」この一言《ひとこと》を相手《あいて》に言《い》えるかどうか…
それが誇《ほこ》りや名誉《めいよ》ってものなんじゃないか!?
ハ、ハイ…
誇《ほこ》り…
名誉《めいよ》か…

翌朝《よくあさ》――
よう、コウ!! ちょうどいいところで会《あ》ったな!
オレたちのカバン持《も》ってくれよ!!
オレたちの頼《たの》みが聞《き》けねえのか～?
ホラ
ゴッ

自分《じぶん》の誇《ほこ》りは家族《かぞく》の誇《ほこ》り

誇《ほこ》りとは、自分《じぶん》の名前《なまえ》を汚《けが》すことをしたくない、自分《じぶん》がその名前《なまえ》であることをうれしい、誇《ほこ》らしいと思《おも》う気持《きも》ちのことだ。

きみがいじめにあって、使《つか》い走《はし》りのようなことをやらされていたとしよう。拒否《きょひ》すればなぐられるかも…、もっといじめられるかも…、その気持《きも》ちもわかる。でも、たとえなぐられても、自分《じぶん》の意志《いし》でいじめを拒否《きょひ》する態度《たいど》を貫《つらぬ》くこと。それこそが、自《じ》分《ぶん》の名《な》を惜《お》しむこと、自分《じぶん》の名誉《めいよ》を守《まも》る生《い》き方《かた》だ。

きみを傷《きず》つけることは、お父《とう》さんやお母《かあ》さん、家族《かぞく》のみんなを傷《きず》つけることと同《おな》じだ。きみの誇《ほこ》りを守《まも》ることは、家族《かぞく》みんなの誇《ほこ》りを守《まも》ることなんだ。

もちろん家族《かぞく》だけじゃない。自分《じぶん》が住《す》む場所《ばしょ》、チーム、学校《がっこう》など、きみが所属《しょぞく》するあらゆるところに、きみの誇《ほこ》りは存在《そんざい》する。その自覚《じかく》を持《も》って、誇《ほこ》りを貫《つらぬ》いていこう。

スタスタスタ
コウくんカッコイイー!!
よかった!!
弟子《でし》にしてくだせー!!
きのうはお前《まえ》がえらそうに誇《ほこ》りがどうとか言《い》ってたくせに
エヘ
アハハハ

自分《じぶん》の名誉《めいよ》を大切《たいせつ》にして、誇《ほこ》りを持《も》って生《い》きていこう!

「名《な》を惜《お》しむ生《い》き方《かた》」、わかったかな。名誉《めいよ》を重《おも》んじ、誇《ほこ》りを大切《たいせつ》にする生《い》き方《かた》だ。日本人《にほんじん》がずっと持《も》ち続《つづ》けてきた生《い》き方《かた》の伝統《でんとう》なんだよ。

「これはおかしい」と思《おも》うことがあったら、きみの誇《ほこ》りをかけて、きっぱりと発言《はつげん》しよう。きみの誇《ほこ》りは、きみの家族《かぞく》やご先祖《せんぞ》、きみの所属《しょぞく》するチーム、クラス、学校《がっこう》の誇《ほこ》りにつながっているんだ。ただし、自分《じぶん》の力《ちから》ではどうにもできないと思《おも》ったら、必《かなら》ず周《まわ》りの大人《おとな》に相談《そうだん》すること。

誇《ほこ》りを持《も》って生《い》きていくきみは、最高《さいこう》にカッコイイぞ!

エピローグ

トボトボ
明日《あした》の試合《しあい》、またベンチか…
くよくよしててもしかたない！
ちょっと練習《れんしゅう》してから帰《かえ》ろ!!
ボム

それにしても最近《さいきん》キラリンいないな～
またアドバイスもらおうと思《おも》ったのに！
ソウタくん!!
えっ、キラリン!?
どこ!?
キョロ
キョロ
直接《ちょくせつ》頭《あたま》の中《なか》に話《はな》しかけているんだよ!!
もうソウタくんに教《おし》えることは何《なに》もない!!
ぼくの教《おし》えたことを思《おも》い出《だ》して、カッコよくなるためにがんばって!!

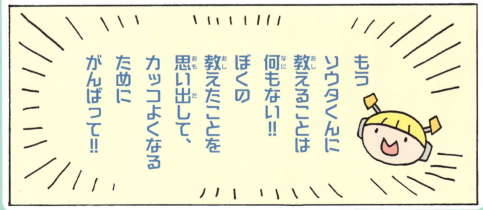

人《ひと》のために行動《こうどう》する勇気《ゆうき》
人《ひと》をねたまない心《こころ》
あきらめない気持《きも》ち
使命感《しめいかん》を持《も》つ
信念《しんねん》
自信《じしん》
あこがれ
ノーブレス・オブリージ
職人気質《しょくにんかたぎ》
自分《じぶん》を客観視《きゃっかんし》する
ウン わかった!!
誇《ほこ》りーー

もう会《あ》えないけど
宇宙《うちゅう》から
見守《みまも》ってるよ!!
キラリン…
グスン
キラーン
キラリン、ありがとう!
カッコよくなれるように
これからも
がんばるよ!
翌日《よくじつ》——

そこだーっ!!

いけーっ!!

前《まえ》は試合《しあい》に出《で》られないと、ベンチでよくふくれっつらしてたけど、ソウタはちょっと成長《せいちょう》したんだな…

ソウタ、次《つぎ》の交代《こうたい》お前《まえ》行《い》くぞ!アップしとけ!!

ハイ!

キラーン

キラーン
完《かん》
ゴール

著　齋藤孝
さいとうたかし

1960年、静岡県生まれ。東京大学法学部卒業。東京大学大学院教育学研究科を経て、現在は明治大学文学部教授。専門は教育学、身体論、コミュニケーション論。著書に、『声に出して読みたい日本語』（草思社）、『こども学問のすすめ』（筑摩書房）、『こども孫子の兵法』（日本図書センター）、『国語は語彙力！』（PHP研究所）ほか多数。NHK Eテレ「にほんごであそぼ」の総合指導も担当している。

マンガ　いぢちひろゆき

1969年、大阪府出身。イラストレーター、マンガ家。立命館大学文学部卒業後、女性誌編集者を経てイラストレーターとして独立。とんちのきいたマンガとイラストが持ち味。著書に、『全日本顔ハメ紀行』（新潮社）、『底ぬけ父子手帳』（講談社）などがある。

● 企画・編集／オフィス303
● 装丁・本文デザイン／松川ゆかり（オフィス303）
● 編集協力／入澤宣幸

本書は、『齋藤孝のガツンと一発』シリーズ第2巻『カッコよく生きてみないか！』（PHP研究所）を大幅に加筆修正し、マンガ化したものです。

齋藤孝の「負けない！」シリーズ②

カッコイイってどういうこと？

2018年9月18日　第1版第1刷発行

著　者　齋藤　孝
マンガ　いぢちひろゆき
発行者　瀬津　要
発行所　株式会社PHP研究所
　　　　東京本部　〒135-8137　江東区豊洲5-6-52
　　　　児童書出版部　TEL 03-3520-9635（編集）
　　　　児童書普及部　TEL 03-3520-9634（販売）
　　　　京都本部　〒601-8411　京都市南区西九条北ノ内町11
　　　　PHP INTERFACE　https://www.php.co.jp/

印刷所・製本所　図書印刷株式会社

© Takashi Saito & Hiroyuki Ijichi 2018 Printed in Japan　　ISBN978-4-569-78789-3
※本書の無断複製（コピー・スキャン・デジタル化等）は著作権法で認められた場合を除き、禁じられています。
　また、本書を代行業者等に依頼してスキャンやデジタル化することは、いかなる場合でも認められておりません。
※落丁・乱丁本の場合は弊社制作管理部（TEL 03-3520-9626）へご連絡下さい。送料弊社負担にてお取り替えいたします。

NDC 913　159P　22cm